© Christian Knepper@Embratur

Parlamentsgebäude in Brasília

Impressum

Clemens Schrage
Brasilianisch – Wort für Wort
erschienen im
REISE KNOW-HOW Verlag Peter Rump GmbH
Osnabrücker Str. 79, D-33649 Bielefeld
info@reise-know-how.de

© REISE KNOW-HOW Verlag Peter Rump GmbH
18. neu bearbeitete und verbesserte Auflage 2015
Konzeption, Gliederung, Layout und Umschlagklappen
wurden speziell für die Reihe „Kauderwelsch" entwickelt
und sind urheberrechtlich geschützt.
Alle Rechte vorbehalten.

Bearbeitung	Josef Overberg, Michael Blümke
Layout	Claudia Schmidt
Layout-Konzept	Günter Pawlak, FaktorZwo! Bielefeld
Umschlag	Peter Rump (Umschlagfoto: © SETURCE)
Kartographie	Iain Macneish
Fotos	© Embratur (Nachweis am jeweiligen Foto); © Riotur Seite 58; © SETURCE Seite 102
Druck & Bindung	Werbedruck GmbH Horst Schreckhase, Spangenberg

ISBN 978-3-8317-6447-1
Printed in Germany

Dieses Buch ist erhältlich in jeder Buchhandlung Deutsch-
lands, Österreichs, der Schweiz und der Benelux-Staaten.
Bitte informieren Sie Ihren Buchhändler über folgende
Bezugsadressen:

Deutschland   Prolit GmbH, Postfach 9, 35461 Fernwald (Annerod)
sowie alle Barsortimente

Schweiz   AVA-buch 2000, Postfach 27, CH-8910 Affoltern

Österreich   Mohr Morawa Buchvertrieb GmbH,
Sulzengasse 2, A-1230 Wien

Belgien & Niederlande   Willems Adventure, www.willemsadventure.nl

direkt   Wer im Buchhandel kein Glück hat, bekommt unsere Bücher
zuzüglich Porto- und Verpackungskosten auch direkt
über unseren Internet-Shop: ***www.reise-know-how.de***.
Zu diesem Buch ist ein **AusspracheTrainer** erhältlich, als
MP3-Download unter ***www.reise-know-how.de*** oder auf
Audio-CD in jeder Buchhandlung Deutschlands, Österreichs,
der Schweiz und der Benelux-Staaten.
Der Verlag möchte die **Reihe Kauderwelsch** weiter ausbauen
und **sucht Autoren!** Mehr Informationen finden Sie unter
www.reise-know-how.de/verlag/mitarbeit

Kauderwelsch

Clemens Schrage

Brasilianisch
Wort für Wort

Zu diesem Buch
ist ein AusspracheTrainer
als MP3-Download erhältlich:
www.reise-know-how.de

Auch als Audio-CD
im Buchhandel:
ISBN 978-3-8317-6002-2

Das gesamte Buch
inkl. AusspracheTrainer gibt es
auch als CD-ROM:
ISBN 978-3-8317-6031-2

REISE KNOW-HOW
im Internet
www.reise-know-how.de
info@reise-know-how.de

*Aktuelle Reisetipps
und Neuigkeiten,
Ergänzungen nach
Redaktionsschluss,
Büchershop und
Sonderangebote
rund ums Reisen*

Kauderwelsch-Sprachführer sind anders!

Warum? Weil sie Sie in die Lage versetzen, wirklich zu sprechen und die Leute zu verstehen.

Wie wird das gemacht? Abgesehen von dem, was jedes Sprachbuch bietet, nämlich Vokabeln, Beispielsätze usw., zeichnen sich die Bände der Kauderwelsch-Reihe durch folgende Besonderheiten aus:

Die **Grammatik** wird in einfacher Sprache so weit erklärt, dass es möglich wird, ohne viel Paukerei mit dem Sprechen zu beginnen, wenn auch nicht gerade druckreif.

Alle Beispielsätze werden doppelt ins Deutsche übertragen: zum einen ins **Wort-für-Wort,** zum anderen in „ordentliches" Hochdeutsch. So wird das fremde Sprachsystem sehr gut durchschaubar. Denn in einer fremden Sprache unterscheiden sich z. B. Satzbau und Ausdrucksweise recht stark vom Deutschen. Ohne diese Übersetzungsart ist es so gut wie unmöglich, schnell einzelne Wörter in einem Satz auszutauschen.

Die **Autorinnen** und **Autoren** der Reihe sind Globetrotter, die die Sprache im Land selbst gelernt haben. Sie wissen daher genau, wie und was die Leute auf der Straße sprechen. Deren Ausdrucksweise ist nämlich häufig viel einfacher und direkter als z. B. die Sprache der Literatur oder des Fernsehens.

Besonders wichtig sind im Reiseland **Körpersprache, Gesten, Zeichen** und **Verhaltensregeln,** ohne die auch Sprachkundige kaum mit Menschen in guten Kontakt kommen. In allen Bänden der Kauderwelsch-Reihe wird darum besonders auf diese Art der nonverbalen Kommunikation eingegangen.

Kauderwelsch-Sprachführer sind keine Lehrbücher, aber viel mehr als traditionelle Sprachführer! Wenn Sie ein wenig Zeit investieren und einige Vokabeln lernen, werden Sie mit ihrer Hilfe in kürzester Zeit schon Informationen bekommen und Erfahrungen machen, die „sprachlosen" Reisenden verborgen bleiben.

Inhalt

Inhalt

Grammatik

Inhalt

© Embratur

Die Sprache ist ein wesentlicher Teil der Kultur eines Volkes, d. h. der Wertvorstellungen, Normen, Gefühle und einiges mehr. Ohne Grundkenntnisse der Sprache kann eine Reise oder ein längerer Aufenthalt viel an Reiz verlieren.

Schon mit wenigen Worten und einigen Kenntnissen der Grammatik sind Sie in der Lage, aktiv am intensiven Leben der Brasilianer teilzunehmen. Ihre Freude, ihr Sinn für Humor, aber auch Traurigkeit treffen Sie nicht nur in der Musik, sei sie nun eher traditionell wie in der Samba oder hochmodern wie beim 2013 auf spektakuläre Weise verstorbenen Chorão, aber ebenso findet man sie auch auf dem Markt oder im Bus. Brasilien, ein Schwellenland, hat viele Gesichter. Man findet in Großstädten wie São Paulo (16 Mio. Einwohner), im Südosten des Landes, die Schweiz und die Sahelzone am gleichen Ort. Der Nordosten Brasiliens ist das Armuts- und Auswanderungsgebiet des Landes, und die größte Anzahl von nordestinos nordeßtschinuß in einer einzelnen Stadt findet man in São Paulo, nämlich 6 Millionen.

Im Amazonasgebiet wird weiterhin lustig brandgerodet. Satelliten zählen täglich zwischen 10.000 und 20.000 Brandherde, was weltweit „nur" zu 5 % des Kohlendioxids beiträgt. (Allein die USA produzieren jährlich fünfmal mehr.)

Mitte 1994 gab es noch eine Währungsreform, die Währungseinheit heißt real he̲au. Die Inflation betrug im Juni 2011 6,7 % im Jahr (2007: 3,6 %). Hoffentlich bleibt die Teuerungsrate nicht so. Vor der Währungsreform lag sie auch schon mal bei 60 % im Monat!

Deus é brasileiro de̲uß ä brasile̲jru (Gott ist Brasilianer), wird hierzulande oft gesagt. Da ich jetzt aber schon sehr lange im Nordosten Brasiliens lebe, hege ich einige Zweifel daran. Wissenschaftlich wurde aber noch nichts bewiesen.

Einiges spricht jedoch dafür: Um eine neue Religion zu gründen, benötigt man mindestens zwei neubekehrte Anhänger und eine Satzung. Für die Eintragung verlangt der Notar umgerechnet etwa 13 Euro. Dann ist man von der Gebäude- und Mehrwertsteuer befreit. Für den Anfang dient als Tempel auch eine angemietete Garage. Falls Sie immer schon einmal Papst oder Päpstin werden wollten, hier haben Sie eine echte Chance.

Darüber und über vieles mehr wird man Ihnen erzählen, mit Humor und Selbstironie.

Besonders möchte ich Patrícia Dany Ceresa für die vielen Tipps und Verbesserungsvorschläge in dieser Ausgabe des Sprachführers danken.

Clemens Schrage

Hinweise zur Benutzung

Der Kauderwelsch-Band „Brasilianisch plus" ist in die Abschnitte *Grammatik* und *Konversation* sowie einen ausführlichen *Wörterbuchteil* gegliedert:

Die **Grammatik** beschränkt sich auf das Wesentliche und ist so einfach gehalten wie möglich. Deshalb sind auch nicht sämtliche Ausnahmen und Unregelmäßigkeiten der Sprache erklärt. Wer nach der Lektüre gerne noch tiefer in die Grammatik der brasilianischen Sprache eindringen möchte, findet im Anhang eine Bücherliste mit weiterführendem Lehrmaterial.

Im Abschnitt **Konversation** finden Sie Sätze aus dem Alltagsgespräch, die Ihnen einen ersten Eindruck davon vermitteln sollen, wie die brasilianische Sprache „funktioniert", und die Sie auf das vorbereiten sollen, was Sie später in Brasilien hören werden.

Die Aussprache des Brasilianischen ist nicht ganz einfach und für Deutschsprachige auch nicht gut aus der Rechtschreibung ersichtlich. Daher ist dieser Sprachführer mit einer (weitgehend) auf dem Deutschen basierenden, einfach zu lernenden **Lautschrift** (blauer Schrifttyp) versehen. Allerdings muss ich Sie darauf hinweisen, dass es die eine, amtlich verbindliche Aussprache des Brasilianischen gar nicht gibt. Das riesige Land kennt eine ganze Reihe von Regionaldialekten, die

Hören Sie sich Aussprachebeispiele mit Ihrem Smartphone an! Ausgewählte Kapitel im Konversationsteil sind dafür mit einem QR-Code ausgestattet. Wer kein Smartphone hat, kann sich die Sätze auch auf unserer Webseite anhören: www. reise-know-how.de/ kauderwelsch/021

alle als gleichberechtigt gelten; nur die Schreibweise ist normiert. Die „Platzhirsche" unter den Sprechweisen im Alltag und in den Medien sind die Dialekte von Rio de Janeiro und São Paulo, seit jeher in einem herzlichen Konkurrenzverhältnis zueinander stehend. Aber auch der Nordosten sowie der Süden des Landes sind mit ausgeprägten eigenen Dialekten vertreten. Die in diesem Buch verwendete Lautschrift ist daher eine Art Kompromisslösung. In manchen Aussprachemerkmalen richtet sie sich an Rio de Janeiro aus, da diese Stadt ja aus touristischer Perspektive besonders wichtig sein dürfte und sich die entsprechenden Merkmale mittlerweile auch anderswo im Land breitmachen. Andere Besonderheiten des Rio-Brasilianischen aber, die außerhalb noch immer als ausgesprochene Regionalismen gelten, wurden jedoch nicht berücksichtigt. Dadurch wird eben eine Art repräsentativer Querschnitt des Brasilianischen angestrebt, der überall im Land problemlos angewandt werden kann.

Jede Sprache hat ein typisches Satzbaumuster. Um die sich vom Deutschen unterscheidende Wortfolge brasilianischer Sätze zu verstehen, ist die **Wort-für-Wort-Übersetzung** in kursiver schwarzer Schrift gedacht. Jedem brasilianischen Wort entspricht ein Wort in der Wort-für-Wort-Übersetzung.

Wird *ein* brasilianisches Wort im Deutschen durch *zwei* Wörter übersetzt, werden diese zwei Wörter in der Wort-für-Wort-Über-

Seitenzahlen

Um Ihnen den Umgang mit den Zahlen zu erleichtern, wird auf jeder Seite die Seitenzahl auch auf Brasilianisch angegeben!

setzung mit einem Bindestrich verbunden, zum Beispiel:

Vivo na capital.
wiwu na kapitau
(ich-)lebe in-die Hauptstadt
Ich lebe in der Hauptstadt.

Werden in einem Satz mehrere Wörter angegeben, die man untereinander austauschen kann, steht ein Schrägstrich.

Onde é o banheiro para mulheres / homens?
oūdshi ä u bänjejru para muljäriß / omēīß
wo (sie-)ist die Toilette für Frauen / Männer
Wo ist das WC für Frauen / Männer?

Mit Hilfe der Wort-für-Wort-Übersetzung können Sie bald eigene Sätze bilden. Sie können die Beispielsätze als Fundus von Satzschablonen und -mustern benutzen, die Sie Ihren eigenen Bedürfnissen anpassen. Um Ihnen das zu erleichtern, ist ein Teil der Beispielsätze nach allgemeinen Kriterien geordnet.
  Dabei hilft Ihnen das umfangreiche **Wörterbuch** in diesem Kauderwelsch-plus-Band. Es enthält einen erweiterten Grundwortschatz von ca. 10.000 Vokabeln mit Ausspracheangaben und Anwendungsbeispielen. Sie brauchen also auf Reisen kein weiteres Taschenwörterbuch mitzuführen.

Das persönliche Fürwort ist der Deutlichkeit halber meist in Klammern ergänzt.

Die **Umschlagklappe** hilft, die wichtigsten Sätze und Formulierungen stets parat zu haben. Aufgeklappt ist der Umschlag eine wesentliche Erleichterung, da nun die gewünschte Satzkonstruktion mit dem entsprechenden Vokabular aus den einzelnen Kapiteln kombiniert werden kann.

Brasilianisch – gibt es das?

Jeder anständige Professor für Romanistik wird empört sein, wenn er hört, dass Brasilianisch eine eigenständige Sprache sein soll. Ist denn nicht Brasilianisch eigentlich dasselbe wie Portugiesisch? Oder etwa doch nicht so ganz? In der Schweiz wird ja auch Deutsch gesprochen, aber verstehen kann ich die Leute kaum, meistens überhaupt nicht. Bis zum frühen 18. Jahrhundert wurde übrigens in Brasilien auch unter der portugiesischen Herrschaft kaum Portugiesisch, sondern die lingua geral *língua sherau* (Allgemeine Sprache) gesprochen. Das war eigentlich die Eingeborenensprache Tupi, engstens verwandt mit dem Guarani, das bis heute die Umgangssprache in Paraguay ist. Auch die weißen Kolonialherren verständigten sich also anfangs in einer „Indianersprache" (bzw. waren zweisprachig)! Das Portugiesische wurde erst allmählich zur tatsächlichen Sprache Brasiliens.

Dazu trugen bei die stärker werdende Zuwanderung von Portugiesen, die den Jesuitenmissionaren feindselig gesonnene Politik in der Epoche der Aufklärung (die Jesuiten waren große Verfechter der lingua geral), in der napoleonischen Zeit dann die Verlegung des portugiesischen Königshofes nach Rio de Janeiro, aber auch die afrikanischen Sklaven. Diese kamen aus so vielen unterschiedlichen Stämmen, dass sie keine gemeinsame Sprache hatten. Gleichzeitig wurden sie von den Sklavenhaltern gezwungen, ihre eigene Kultur und Identität aufzugeben, und die Missionare hatten hier nur wenig Einfluss, galten doch die Sklaven als Privateigentum der Plantagenbesitzer.

Die brasilianische Umgangssprache unterscheidet sich in vielfacher Hinsicht von der Schriftsprache (auch in der Grammatik). Hier dürften die Afrikaner deutliche Spuren hinterlassen haben.

So entstand eine Sprache, die noch Portugiesisch war, aber bereichert wurde durch andere Kulturen. Die meisten Namen für Tiere und Pflanzen kommen in Brasilien aus dem Tupi. Auch viele Orte, Flüsse, Berge und Strände haben indianische Namen. Eine Person aus Rio de Janeiro wird als carioca kariòka bezeichnet. Dieses Wort entstammt ebenfalls dem Tupi und bedeutet „weißes Haus".

Vor allem die Umgangssprache in Brasilien ist für Portugiesen nur teilweise verständlich. Die Aussprache hat sich in den Jahrhunderten der relativen Isolation voneinander in beiden Ländern in unterschiedliche Richtungen entwickelt. Aber auch der Wortschatz ist oft sehr abweichend. Wenn der reiselustige Portugiese mit dem Zug fahren will, nennt er diesen comboio. Darunter versteht der Brasilianer einen Militärkonvoi, einen Zug nennt er schlicht trem trẽĩ. Die Straßenbahn ist für den Portugiesen ein eléctrico, für den Brasilianer aber bonde bõũdshi. Eine Menschenschlange nennt der Portugiese bicha. In Brasilianisch bedeutet das aber außerdem noch „schwul", und das kann zu peinlichen Situationen führen. Das lustige Büchlein Schifaizfavoire - Dicionário de Português von Mário Prata zeigt etwas vom Ausmaß der Unterschiede.

Die Portugiesen haben in Brasilien etwa die Rolle unserer Ostfriesen. In zahlreichen Witzen wird der Portugiese immer als einfältig, rückständig und etwas primitiv karikiert. Die Erklärung ist einfach: die portugiesischen Einwanderer während der jahrzehntelangen Salazar-Diktatur waren arm und wurden von den Herrschenden absichtlich ungebildet gehalten. Außerdem empfinden Brasilianer die Aussprache der Portugiesen als einigermaßen lächerlich und den Klang des Brasilianischen als musikalischer und überhaupt viel schöner.

Es gibt, wie bereits erwähnt, regionalen Unterschiede in der brasilianischen Aussprache, was Konsequenzen für die Festlegung auf eine Lautschrift hat. Allerdings sind diese Unterschiede für sich allein genommen nicht sehr groß und machen dem Neuling keine Schwierigkeiten. Der Brasilianer ist in der Regel sehr kommunikationsfreudig und versucht, den Fremden aus Deutschland zu verstehen, auch wenn dieser sich nur mit Hän-

Kauderwelsch-AusspracheTrainer

*Falls Sie sich die wichtigsten brasilianischen Sätze, die in diesem Buch vorkommen, einmal von einem Einheimischen gesprochen anhören möchten, brauchen Sie den **Aussprache-Trainer** zu diesem Buch. Sie bekommen ihn als **MP3-Download** über unseren Internetshop **www.reise-know-how.de** oder auf **Audio-CD** in Ihrer Buchhandlung. Alle Sätze, die Sie auf dem **Kauderwelsch-AusspracheTrainer** hören können, sind in diesem Buch mit einem Ohr (👂) gekennzeichnet.*

den und Füßen verständigen kann.

Also, Brasilianisch gibt es wirklich, auch wenn der Professor sich ärgert.

© Christian Knepper@Embratur

Karte von Brasilien

VENEZUELA
Georgetown
Paramaribo
GUY
SME
Bogotá
KOLUMBIEN
Boa Vista
Macapá
Manaus
Santarém
Belém
São Luís
Fortaleza
Natal
Teresina
João Pessoa
Recife
Rio Branco
Pôrto Velho
B R A S I L I E N
PERU
Aracaju
Maceió
Cuiabá
Salvador
La Paz
Brasilia
BOLIVIEN
Goiânia
Campo
Grande
Belo Horizonte
PY
Vitória
Asunción
São Paulo
Curitiba
Rio de Janeiro
Z
Florianópolis
A
E
Pôrto Alegre
C
Santiago
O
ROU
Rio Grande
R
S
Buenos
Montevideo
Aires
I
F
I
ATLANTISCHER
Z
A
OZEAN
P
A R G E N T I N I E N

1000 km

Aussprache & Betonung

Einige Laute des Brasilianischen sind ungewohnt, allen voran die nasalen Selbstlaute, während andere vielleicht problemlos auszusprechen sind, dafür aber gewöhnungsbedürftig geschrieben werden.

Selbstlaute (Vokale)

Das Brasilianische hat sieben nicht-nasale Grundvokale, nämlich neben a, i und u noch jeweils ein geschlossenes und ein offenes e und o, die aber leider im Schriftbild nur dann unterschieden werden, wenn sie (nach bestimmten Regeln) ein Akzentzeichen tragen. Daneben gibt es fünf nasale Vokale (bei den Buchstaben e und o wird hier keine Unterscheidung zwischen geschlossen und offen gemacht). Die nasalen Vokale klingen ähnlich wie im Französischen, es gibt aber im Brasilianischen mit dem nasalen i (ĩ) und u (ũ) noch mehr solcher Laute als im Französischen. Außerdem kennt das Brasilianische eine Reihe von Doppelselbstlauten (Diphthonge), einige davon wiederum nasalisiert. Die Nasale werden teilweise mit einer so genannten Tilde ~ über dem entsprechenden Vokal geschrieben, teilweise aber auch durch die Kombination eines normalen Vokalzeichens mit einem direkt nachfolgenden m oder n, nämlich dann, wenn diese am Wort- oder Silbenende stehen

Tatsächlich kommen aber im Schriftbild nur ã und õ mit der Tilde vor, und das õ auch nur als Bestandteil von nasalen Doppelselbstlauten. Alle anderen Nasale werden mit zwei Buchstaben geschrieben. In unserer Lautschrift aber werden alle Nasalvokale mit einer Tilde wiedergegeben, zumal wir im Deutschen sowieso keine brauchbare Entsprechung dafür haben.

(z. B. bom bōū „gut" und campo kãpu „Feld").
Falls diese Buchstabenfolge im Wortinneren
steht und danach ein weiterer Vokal folgt (wie
in banana), wird der Vokal vor dem m bzw. n in
weiten Teilen des Landes ebenfalls nasalisiert.
Von den meisten Brasilianern werden auch
Vokale vor nh (nj) automatisch nasalisiert. So
wird sozinho als ßosīnju ausgesprochen. Viele
Brasilianer lassen dann den „n"-Laut ganz
weg, und das Ergebnis klingt dann wie ßosīju.

Anders als die Fran-
zosen steigern sich die
Brasilianer nämlich in
ihre Nasale erst
allmählich hinein.

Einige Nasalvokale werden, wenn man es
genau nimmt, bei der Aussprache in einen
Doppelselbstlaut zerlegt, bei dem beide Be-
standteile nasalisiert sind, der zweite aber
noch ein bisschen stärker als der erste. So wird
ein nasalisiertes o als ōū mit Tendenz zum oū
ausgesprochen, und ein nasalisiertes e teilweise als ēī mit Tendenz zum eī.

In unserer Lautschrift
zeigen wir diese beson-
dere Aussprache des a
aber nicht an.

Schließlich sollte noch erwähnt werden,
dass ein nasalisiertes a (ã, am, an) auf einem
sehr dumpfen „a"-Laut basiert (fast schon wie
das unbetonte „e" in „Wass**e**r"). Dieser dump-
fe Laut steht stets auch dann, wenn auf das am
bzw. an noch ein weiterer Vokal folgt, und nur
ein Teil der Brasilianer hier nasalisiert.

© Christian Knepper@Embratur

ã	irmã	irmã̱	„Schwester"
am	ambos	ã̱buß	„beide"
an	jantar	shã̱ta̱r	„Abendessen"
		(jeweils mit dumpfem „ã")	
ão	alemão	alemã̱ũ	„Deutscher, deutsch"
ãe	mãe	mã̱ĩ	„Mutter"
		(jeweils mit dumpfem „ã")	
e	dedo	de̱du	„Finger"
		(geschlossen wie in „B**ee**t")	
	festa	fä̱ßta	„Fest, Feier"
		(noch offener als in „B**e**tt")	
	vale(s)	wa̱li(ß)	„Tal (Täler)"
		(am Wortende „i", auch in -es)	
ei	dinheiro	dshĩnje̱jru	„Geld"
		(in manchen Gegenden auch nur geschlossen wie in „B**ee**t")	
eu	meu	me̱u	„mein"
		(geschlossenes „e" + „u", nicht wie „oi")	
em	tem	tẽĩ	„er / sie /es hat"
en	gente	she̱tschi	„Leute"
im	fim	fĩ	„Ende"
in	pintor	pĩto̱r	„Maler"
o	olho	o̱lju	„Auge"
		(geschlossen wie in „B**oo**t")	
	moda	mò̱da	„Mode"
		(noch offener als in „B**o**ck")	
	rio(s)	hiu(ß)	„Fluss (Flüsse)"
		(am Wortende „u", auch in -os)	
ou	couro	ko̱ru	„Leder"
		(gelängtes geschlossenes „o", in manchen Gegenden auch geschlossenes „o" + „u")	

In manchen Gegenden wird e auch in der Silbe vor einem betonten i als i gesprochen: menina meni̱na oder mini̱na „Mädchen".

Da das Deutsche keine eindeutige Schreibweise für das offene „o" hat, greife ich in der Lautschrift auf das (in der Romanistik gebräuchliche) ò zurück.

om	som	ßõũ	„Klang, Geräusch"
on	ponte	põũtschi	„Brücke"
õe	ladrões	ladrõĩß	„Diebe"
um	nenhum	nẽnjũ	„niemand"
un	função	fũßãũ	„Funktion"

Akzentzeichen

Mit Hilfe der Akzente kann man die Aussprache der Vokale (geschlossen oder offen, voll oder dumpf) präzisieren.

Die Akzentzeichen werden im Brasilianischen benutzt, wenn die Betonung eines Wortes von den üblichen Betonungsregeln (s. u.) abweicht, also oftmals auf der drittletzten Silbe, aber auch gelegentlich auf der letzten liegt. Außerdem werden sie manchmal zur Unterscheidung von anderen (oft gleichlautenden) Wörtern verwendet.

Das à ist hingegen kein Betonungszeichen. Es steht fast ausschließlich für die Kombination des Verhältniswortes a mit dem weiblichen Artikel a bzw. as (Mehrzahl) und wird eventuell etwas gelängt gesprochen.

á	pássaro	paßaru	„Vogel"
â	câmara	kamara	„Kamera"
			(das dumpfe „a" vor m bzw. n)
é	pé	pä	„Fuß"
ê	êxito	esitu	„Erfolg"
ó	vovó	wowò	„Großmutter"
ô	vovô	wowo	„Großvater"

Mitlaute (Konsonanten)

c	„k" vor a, o, u	casa	kasa	„Haus"
	„ß" vor e, i	cego	ßägu	„blind"
ç	„ß" vor a, o, u	praça	praßa	„Platz"
ch	„sch" (stimml.)	cheio	scheju	„voll"

d	„dsh" vor e, i (i) **parede** par<u>e</u>dshi „Wand" (vor geschriebenem i auch in betonter Silbe, vor geschriebenem e = i nach der betonten Silbe am Wortende, in bestimmten Wörtern auch vor der betonten Silbe)
g	„g" vor a, o, u **pagar** pagar „zahlen" stimmhaftes „sh" (wie „j" in „**J**ournalist") vor e, i **viagem** wi<u>a</u>shẽĩ „Reise"
h	bleibt am Wortanfang stumm **homem** <u>o</u>mẽĩ „Mann"
j	stimmhaftes „sh" (wie „j" in „**J**ournalist") vor a, o, u **joia** sh<u>o</u>ja „Freude"
l	am Wort- und Silbenende wie „u" (bildet Doppelvokal) **sal** ßau
lh	„lj" **bilhete** bilj<u>e</u>tschi „Ticket"
nh	„nj" **punho** p<u>ũ</u>nju „Faust"
qu	„ku" („kw" mit runden Lippen) vor a, o, u **quatro** ku<u>a</u>tru „vier" „k" vor e, i **querer** ker<u>e</u>r „wollen"
r	im Wortinneren meist Zäpfchen-„r", in einigen Regionen auch Zungen-„r", bleibt am Wortende oft stumm (wichtig bei Grundformen der Verben!); am Wortanfang jedoch stets so wie rr **roda** h<u>o</u>da „Rad"
rr	je nach Region h, ch oder Zäpfchen-„r" **terra** t<u>ä</u>ha „Erde"
s	am Wortanfang und Silbenende stimmloses „ß", im Inneren stimmhaftes „s" **sede** ß<u>e</u>dshi „Durst" **coisa** k<u>o</u>jsa „Sache"

Diese Aussprache-besonderheit stammt ursprünglich aus Rio de Janeiro, ist aber mittlerweile weit verbreitet. In manchen Gegenden spricht man aber hier noch immer ein einfaches d.

In Rio de Janeiro spricht man (wie in Portugal) s am Wort- bzw. Silbenende wie „sch" aus: pois pojsch (= pojß). Anderswo im Land ist diese Aus-sprache aber unbeliebt.

t	„tsch" vor e, i (i)	**vinte**	wĩtschi	„zwanzig"
	(Verteilung entspricht der von d vor e, i (i), regional noch immer als t ausgesprochen)			
x	meist „sch"	**lixo**	lischu	„Abfall"
	manchmal „s"	**exame**	esami	„Prüfung"
	Silbenende „ß"	**expresso**	ißpräßu	„Express"
	nur selten „kß"	**táxi**	takßi	„Taxi"
z	meist stimmhaftes „s"			
		vazio	wasiu	„leer"
	am Wortende stimmloses „ß"			
		paz	paß	„Frieden"

Wörter mit z oder s am Wortende direkt nach betontem Vokal erhalten vor allem im Nordosten noch einen zusätzlichen „i"-Laut. paz wird dann zu pajß. Diese Aussprache breitet sich mittlerweile auch in anderen Landesteilen aus.

Betonung

Die Betonung liegt normalerweise auf der vorletzten Silbe, falls das Wort auf einen der Selbstlaute a, o und e endet. Auch s, m und ns am Wortende ziehen üblicherweise eine Betonung auf der vorletzten Silbe nach sich. Endet das Wort auf einen anderen Mitlaut, auf die Selbstlaute i und u oder einen Doppelselbstlaut (Diphthong), liegt die Normalbetonung auf der letzten Silbe. Es gibt jedoch auch Wörter, deren Betonung von diesem Schema abweicht (darunter alle mit Betonung auf der drittletzten Silbe). In solchen Wörtern ist die Verwendung eines Akzentzeichens auf der betonten Silbe obligatorisch.

Fünf Wörter, die Ihnen weiterhelfen

Am Anfang werden Sie gewisse Schwierigkeiten haben, die Verben ser ßer und estar ißtar auseinanderzuhalten. Beide bedeuten „sein", werden aber in unterschiedlichen Situationen benutzt.

estar („sein", veränderlicher Zustand)

Der gemeinsame Nenner für die folgenden Verwendungen ist, dass es sich jeweils um veränderliche (bzw. momentane) Zustände handelt. Es geht konkret entweder um einen Aufenthalt an einem bestimmten Ort:

Eu estou no Brasil.
eu ißto nu brasiu
ich (ich-)bin in Brasilien
Ich bin in Brasilien.

oder um eine körperliche Position:

Eu estou sentado.
eu ißto ßẽĩtadu
ich (ich-)bin gesetzt
Ich sitze.

Eu estou em pé.
eu ißto ĩ pä
ich (ich-)bin in Fuß
Ich stehe.

oder um einen vorübergehenden Zustand:

Eu estou cansado.
e̱u i̱ß_to_ kä̱ßa̱du
ich (ich-)bin müde
Ich bin müde.

Estou descansado.
e̱u i̱ß_to_ dshi̱ßkä̱ßa̱du
i(ich-)bin ausgeruht
Ich bin ausgeruht.

oder um eine aktuell ausgeübte Handlung:

Estou viajando.
i̱ß_to_ wiasha̱du
(ich-)bin reisend
Ich bin auf der Reise.

ser („sein", wesensmäßige Eigenschaft)

Beim Verb ser geht es statt dessen um dauer-
hafte, charakteristische Eigenschaften.

Eu sou alemão.
e̱u ßo alema̱ṵ
ich (ich-)bin deutsch
Ich bin Deutscher.

Unter „Mittag"
versteht man in Brasi-
lien genau 12 Uhr.

Já é meia-noite.
sha ä me̱ja no̱jtschi
schon (es-)ist Mitternacht
Es ist schon Mitternacht.

Já é meio-dia.
sha ä me̱ju dshi̱a
schon (es-)ist Mittag
Es ist schon Mittag.

São dez horas.
ßa̱ṵ däs òra̱ß
(sie-)sind zehn Stunden
Es ist zehn Uhr.

Já é tarde.
sha ä ta̱rdshi
schon (es-)ist spät
Es ist schon spät.

sim –não ja – nein

Extrem wichtig sind natürlich die Ausdrücke sim ßĩ für „ja" und não nãũ „nein". Aber dazu sollte man gleich wissen, dass es aus brasilianischer Sicht sehr unhöflich ist, so kurz angebunden zu antworten. Man wiederholt zusätzlich das Verb oder ein anderes wichtiges Wort des Fragesatzes (in der richtigen Beugungsform).

Oft wird man in der Umgangssprache auch pois é *pojs ä „tja, so ist es" anstelle von* sim *zu hören bekommen.*

Você quer um cafezinho?
woße kär ũ kafäsĩnju
du (er-/sie-)will ein Kaffeechen
Möchtest du einen kleinen Kaffee?

Quero, sim.
käru ßĩ
(ich-) will ja
Ja.

Não, não quero.
nãũ nãũ käru
nein nicht (ich-)will
Nein.

ter haben

Eu não tenho dinheiro.
eu nãũ tẽnju dshĩnjejru
ich nicht (ich-)habe Geld
Ich habe kein Geld.

Eu não tenho onde morar.
eu nãũ tẽnju õũdshi morar
ich nicht (ich-)habe wo wohnen
Ich habe keine Wohnung.

querer	wollen

Eu quero uma passagem para o Rio.
eu käru uma paßashēï pra u hiu
ich (ich-)will eine Fahrkarte für der Rio
Ich möchte eine Fahrkarte nach Rio.

onde?	wo?

Onde é a estação rodoviária?
õũdshi ä a ißtaßāũ hodowiaria
wo (sie-)ist die Station landstraßisch
Wo ist der zentrale Busbahnhof?

© Embratur

Auf der Landstraße

Artikel

Es gibt im Unterschied zum Deutschen nur ein männliches und ein weibliches Geschlecht, aber kein Neutrum. Für die unbestimmten Artikel („ein, eine") gibt es allerdings in beiden Geschlechtern eine Mehrzahlform, die man mit „einige" übersetzt.

a w Ez	a	die	**as** w Mz	aß	die
o m Ez	u	der	**os** m Mz	uß	die
um m Ez	ũ	ein	**uns** m Mz	ũß	einige
uma w Ez	uma	eine	**umas** w Mz	umaß	einige
nenhum	nẽnjũ	kein	**nenhuma**	nẽnjuma	keine

a pensão	a pẽĩßãũ	die Pension
as passagens	aß paßasheĩß	die Fahrkarten
o trem	u trẽĩ	der Zug
os preços	uß preßuß	die Preise
um almoço	ũ aumoßu	ein Mittagessen
uns mapas	ũs mapaß	einige Landkarten
uma refeição	uma hefejßãũ	eine Mahlzeit
umas malas	umas malaß	einige Koffer
nenhum quarto	nẽnjũ kuartu	kein Zimmer
nenhuma carta	nẽnjuma karta	kein Brief

Não chegou nenhuma carta.
nãũ schego nẽnjuma karta
nicht (sie-)ankam keine Brief
Es ist kein Brief gekommen.

Não tem nenhum fax para o senhor.

nãũ tẽĩ nẽnjũ fakß pra u ßẽnjor

nicht (ich-)habe kein Fax für der Herr

Ich habe kein Fax für Sie.

Hauptwörter

Die Hauptwörter (Substantive) im Brasilianischen ändert ihre Form nur bei der Mehrzahlbildung. Man kann entsprechende Wörter also meist direkt aus dem Wörterbuch übernehmen und in Sätze einbauen. Das Geschlecht eines Hauptwortes geht teilweise aus der Endung hervor, besonders bei den folgenden sehr häufigen Endungen:

Auslautendes -o / -os *wird in den meisten Gegenden abgeschwächt als* -u / -uß *ausgesprochen.*

-o / -os männlich	-a / -as weiblich

Bei Wörtern, die Lebewesen bezeichnet, bestimmt in der Regel das natürliche Geschlecht über das grammatische und damit über die Endung und den Artikel.

Es gibt auch hier einige Ausnahmen, die jedoch beim ersten Kontakt mit der Sprache nicht so wichtig sind. So endet o mapa (die Landkarte) auf -a, ist aber, wie man am Artikel erkennen kann, dennoch männlich.

o menino

u meninu

der Junge

a menina

a menina

das Mädchen

Leider gibt es andere Endungen, bei denen es weit weniger klar ist, ob sich dahinter ein männliches oder ein weibliches Wort verbirgt. Ein solcher Fall ist die häufig vorkommende Endung -ão. Wenn ein Wort mit dieser Endung männlich ist, dann gibt es womöglich eine weibliche Entsprechung auf -ã.

o alemão	**a alemã**
u alemãu	a alemã
der Deutsche	die Deutsche

Mehrzahl

Das Zeichen der Mehrzahl ist ein -s am Wortende. Endet das Hauptwort auf einen einfachen Selbstlaut, gibt es keine weitere Veränderung:

o turista	u turißta	der Tourist
os turistas	uß turißtaß	die Touristen
a comida	a komida	die Speise
as comidas	aß komidaß	die Speisen

Wenn das Wort auf -ão, -l oder -m endet, treten zusätzlich zum -s noch weitere Veränderungen auf.

alemão	alemãu	Deutscher
alemães	alemãiß	Deutsche *Mz*
o pão	u pãu	das Brot
os pães	uß pãiß	die Brote
a nação	a naßãu	die Nation
as nações	as naßõiß	die Nationen

Ob die Mehrzahlform dabei auf -ães oder -ões lautet, ist allerdings nicht vom grammatischen Geschlecht abhängig. Das heißt, man muss die Mehrzahl vokabelmäßig mitlernen.

o papel	u papäu	das Papier
os papéis	uß papäiß	die Papiere
o homem	u oméï	der Mensch
os homens	us oméïß	die Menschen

Endet das Wort auf einem Mitlaut, wird die Endungsvariante **-es** angehängt, d. h. es kommt eine Silbe im Wort hinzu:

a mulher	a muljär	die Frau
as mulheres	as muljäriß	die Frauen
o país	u paiß	das Land
os países	uß paisiß	die Länder

Persönliche Fürwörter

Allerdings gibt es mal wieder einzelne Regionen, in denen alles ganz anders ist und man doch tu sagt, dann aber auch gerne mit dem Verb in der 3. Person Einzahl.

Die Brasilianer benutzen nur noch selten das Fürwort der 2. Person tu tu und noch seltener die entsprechenden Beugungsformen der Verben. Die übliche Form ist você woße. Das ist eine Art des Duzens, auch wenn das Verb dabei in der 3. Person Einzahl steht. Ausnahmen sind hohe Respektspersonen wie Polizisten, Generäle und Kardinäle. In diesen Fällen wird die Person mit o senhor u ßénjor bzw. a senhora a ßénjora angesprochen, das Verb steht dabei ebenfalls in der 3. Person Einzahl. Zu Beginn eines Gespräches mit einem Fremden sollten Sie aber dennoch höflich bleiben und o senhor oder a senhora sagen. Ihr Ge-

sprächpartner dürfte dann aber umgehend
zum formlosen você übergehen.

eu	eu	ich
você (tu)	woße (tu)	du
ele *m* / ela *w*	eli / äla	er / sie *w*
nós	nòß	wir
vocês	woßeß	ihr
eles *m* / elas *w*	eliß / älaß	sie *Mz*

Auch die „wir"-Form nós wird in der gespro-
chenen Sprache gerne vermieden. Die Umge-
hungsform ist a gente a shētschi „die Leute". Da
dieser Ausdruck im Brasilianischen eine Einzahlform ist, steht auch dann das Verb wieder
in der 3. Person Einzahl.

*Die alte portugiesische
„ihr"-Form vós ist im
Brasilianischen völlig
verschwunden, und
damit auch die ent-
sprechenden Verb-
formen (Ausnahme:
Bibelsprache).*

**Nós queremos / A gente quer viajar para
Foz do Iguaçu.**
nòß keremuß / a shētschi kär wiashar pra
föß du iguaßu
*wir (wir-)wollen / die Leute (sie-)will reisen für
Foz do Iguaçu*
Wir wollen nach Foz do Iguaçu reisen.

Besitzanzeigende Fürwörter

Die besitzanzeigenden Fürwörter (Possessivpronomen) gehen dem Hauptwort, auf das sie sich beziehen, voran und richten sich nach diesem in Zahl und Geschlecht. Für „dein, -e" gibt es eine Form der 2. Person Einzahl, die nicht nur diejenigen Brasilianer verwenden, die für „du" noch immer tu sagen. Gebräuchlicher ist jedoch für „dein, -e" die Form der 3. Person seu, abgeleitet von der Anredeform você. Dann entsteht allerdings das Problem, dass man „dein" nicht von „sein, ihr" unterscheiden kann, und so kommen für letztere Verwendung auch die eindeutigen Ersatzausdrücke dele d<u>e</u>li „von ihm", dela d<u>ä</u>la „von ihr" sowie deles d<u>e</u>liß und delas d<u>ä</u>laß „von ihnen" zum Einsatz. Diese stehen dann aber nach dem Hauptwort, auf das sie sich beziehen, und bleiben unveränderlich. Nach der offiziellen Grammatik sind beide Ausdrucksweisen für „sein, ihr" gleichwertig.

m		w		
meu	m<u>eu</u>	**minha**	m<u>ĩ</u>nja	mein, -e
meus	m<u>eu</u>ß	**minhas**	m<u>ĩ</u>njaß	meine *Mz*
teu	t<u>eu</u>	**tua**	t<u>ua</u>	dein, -e
teus	t<u>eu</u>ß	**tuas**	t<u>ua</u>ß	deine *Mz*
seu	ß<u>eu</u>	**sua**	ß<u>ua</u>	sein/e, ihr/e
seus	ß<u>eu</u>ß	**suas**	ß<u>ua</u>ß	seine *Mz,* ihre *Mz; auch* dein, -e

dele	deli	**dela**	däla	sein/e, ihr/e
nosso	nòßu	**nossa**	nòßa	unser, -e
nossos	nòßuß	**nossas**	nòßaß	unsere *Mz*
vosso	wòßu	**vossa**	wòßa	euer, eure
vossos	wòßuß	**vossas**	wòßaß	eure *Mz*
deles	deliß	**delas**	dälaß	ihr/e (*m / w*)

Im Brasilianischen kann man bei Ausdrücken mit besitzanzeigendem Fürwort zusätzlich noch den bestimmten Artikel hinzufügen. Dies ist allerdings nicht ganz so weit verbreitet wie in Portugal.

(o) meu passaporte   **(a) minha casa**
(u) meu paßapòrtschi   (a) mīnja kasa
mein Pass   mein Haus

Hinweisende Fürwörter

Die hinweisenden Fürwörter (Demonstrativpronomen) kommen in drei Entfernungsstufen („hier", „da", „dort drüben") vor. Sie richten sich in Zahl und Geschlecht nach ihrem Bezugswort, ob sie es nun wie ein Eigenschaftswort begleiten oder ganz ersetzen. Außerdem gibt es hier besondere „sächliche" Formen, die sich nicht auf konkrete Objekte beziehen, sondern auf allgemeine Sachverhalte.

Unbestimmte Fürwörter

	Ez m	Ez w	Mz m	Mz w	sächl.
in der Nähe	**este**	**esta**	**estes**	**estas**	**isto**
	eßtschi	äßta	eßtschiß	äßtaß	ißtu
etwas weiter entfernt	**esse**	**essa**	**esses**	**essas**	**isso**
	eßi	äßa	eßiß	äßaß	ißu
sehr weit entfernt	**aquele**	**aquela**	**aqueles**	**aquelas**	**aquilo**
	ak<u>e</u>li	ak<u>ä</u>la	ak<u>e</u>liß	ak<u>ä</u>laß	ak<u>i</u>lu

Este ônibus está lotado.   **Não quero isso.**
<u>e</u>ßtschi <u>o</u>nibuß <u>i</u>ßta lot<u>a</u>du   n<u>ã</u>ũ k<u>ä</u>ru <u>i</u>ßu
dieser Bus (er-)ist rappelvoll   *nicht (ich-)will dies*
Dieser Bus ist rappelvoll.   Ich will das nicht.

Unbestimmte Fürwörter

Die unbestimmten Fürwörter (Indefinitpro-
nomen) lauten:

alguém	aug<u>ẽ</u>ĩ	jemand
algum *m*	aug<u>ũ</u>	irgendein
alguma *w*	auguma	irgendeine
alguns *m Mz*	aug<u>ũ</u>ß	irgendwelche *m*
algumas *w Mz*	augumaß	irgendwelche *w*
ninguém	nĭg<u>ẽ</u>ĩ	niemand
nenhum	nẽnj<u>ũ</u>	kein

Verhältniswörter

Die Verhältniswörter (Präpositionen) werden in der Regel wie im Deutschen benutzt. Einige besonders wichtige Verhältniswörter verschmelzen mit einem nachfolgenden Artikel zu einer neuen Wortform.

a	a	nach, zu
ao au (= a + o), à a (= a + a),		
aos auß (= a + os), às aß (= a + as)		
após	apòß	nach *(zeitl.)*
até	atä	bis
com	kõũ, kũ	mit, bei
contra	kõũtra	gegen
de	dshi	von, aus
do du (= de + o), da da (= de + a),		
dos duß (= de + os), das daß (= de + as)		
em	ẽĩ, ĩ	in, an, auf
no nu (= em + o), na na (= em + a),		
nos nuß (= em + os), nas naß (= em + as)		
entre	ẽtri	zwischen
para	para, pra	für, nach
por	pur	durch, über, für
pelo pelu (= por + o), pela pela (= por + a),		
pelos peluß (= por + os), pelas pelaß (= por + as)		
sem	ßẽĩ	ohne
sob	ßob(i)	unter
sobre	ßobri	über

Como chego ao centro?
kọmu schẹgu au ßē̲tru
wie (ich-)komme zu-der Zentrum
Wie komme ich ins Zentrum?

no hotel	**na rua**
nu otạ̈u	na hụa
in-der Hotel	*in-die Straße*
im Hotel	auf der Straße

E ele também é alemão.
i ẹli tãbẹ̄ĩ ä alemã̲ũ
und er auch (er-)ist Deutscher
Und er ist auch Deutscher.

na esquina
na iẞkịna
in-die Ecke
an der Ecke

Vivo em São Paulo.
wịwu ĩ ßã̲ũ pạulu
(ich-)lebe in São Paulo
Ich lebe in São Paulo.

Vivo na capital.
wịwu na kapitạu
(ich-)lebe in-die Hauptstadt
Ich lebe in der Hauptstadt.

Vou para o Brasil por três meses.
wo pra u brasịu pur treß mẹsiß
(ich-)gehe für der Brasilien für drei Monate
Ich gehe für drei Monate nach Brasilien.

Wortstellung

Die Wortreihenfolge ist in der Regel zuerst Subjekt (Satzgegenstand), dann Prädikat (Satzaussage) und danach Objekt (Satzergänzung). Ist das Objekt jedoch eine unbetonte Objektform des persönlichen Fürworts (me mi „mich, mir", te tschi „dich, dir", nos nuß „uns"), dann steht es direkt vor dem Verb (Prädikat).

Für die dritte Person benutzt man lieber ein hinweisendes Fürwort (nach dem Verb). Das klingt viel volkstümlicher als die eigentlichen Objekt-Fürwörter.

Subjekt	Prädikat	Objekt
Ele	(não) tem	documentos.
eli	(nãũ) tẽĩ	dokumẽtuß
er	(nicht) (er-)hat	Dokumente
Er hat (keine) Papiere.		
Subjekt	Objekt	Prädikat
Ela	(não) me	viu.
äla	(nãũ) mi	wiu
sie	(nicht) mich	(sie-)sah
Sie hat mich (nicht) gesehen.		

Das Verneinungswort não *steht immer vor dem Verb bzw. noch vor der unbetonten Objektsform des persönlichen Fürworts.*

Für „dich" kann man entweder te oder você sagen. Beachten Sie aber dabei die unterschiedliche Stellung gegenüber dem Verb.

Man kann auch dann te *sagen, wenn man als Anrede nur* você *benutzt. Hier sind die Brasilianer ein wenig inkonsequent.*

Eu te amo.
eu tschi amu
ich dich (ich-)liebe
Ich liebe dich.

Eu amo você.
eu amu woße
ich (ich-)liebe du
Ich liebe dich.

Die betonten Objektformen der persönlichen Fürwörter unterscheiden sich eigentlich nur

Wortstellung

Schließlich sollte hier noch das rückbezügliche Fürwort se *ßi (sich) erwähnt werden, dass sich wie ein unbetontes Objekt-Fürwort verhält. Es gilt wie im Deutschen für die 3. Person Ein- und Mehrzahl.*

in der 1. Person Einzahl mim mĩ von den jeweiligen Grundformen. Man benutzt sie hauptsächlich nach Verhältniswörtern.

Isso é para mim / para você / para nós.
ißu ä pra mĩ / pra woße / pra nòß
dies (es-)ist für mich / für dich / für uns
Das ist für mich / für dich / für uns.

Um zur Wortreihenfolge zurückzukehren: Eigenschaftswörter stehen in der Regel nach ihrem Bezugswort:

O hotel tem quartos grandes.
u otãu tẽĩ kuạrtuß grạdshiß
der Hotel hat Zimmer große
Das Hotel hat große Zimmer.

Ausnahmen sind Mengenangaben wie:

muito	mũĩtu	viel, sehr
pouco	pọku	wenig
mais	majß	mehr
menos	mẹnuß	weniger

O hotel tem poucos quartos.
u otãu tẽĩ pokuß kuạrtuß
der Hotel hat wenige Zimmer
Das Hotel hat wenige Zimmer.

O hotel é muito caro.
u otãu ä mũĩtu kạru
der Hotel ist sehr teuer
Das Hotel ist sehr teuer.

Eigenschaftswörter

Die Eigenschaftswörter (Adjektive) richten sich in Geschlecht und Zahl nach Hauptwort, auf das sie sich beziehen. Dies gilt auch, wenn sie getrennt vom Hauptwort stehen, wo sie im Deutschen eine unveränderliche Form haben (z. B. „das Haus ist schön"). Die männlichen Eigenschaftswörter mit der Endung -o werden durch Austausch mit -a weiblich. Die anderen Eigenschaftswörter haben eine einheitliche Form für männlich und weiblich (in der Einzahl) oder bilden Ausnahmen. Die Mehrzahl wird durch -s an der jeweiligen Geschlechtsform ausgedrückt.

aberto	abärtu	offen
fechado	feschadu	geschlossen
baixo	bajschu	tief
alto	autu	hoch
barato	baratu	billig
caro	karu	teuer
bonito	bonitu	schön
feio	feju	hässlich
duro	duru	hart
mole	mòli	weich
escuro	ißkuru	dunkel
claro	klaru	hell
fácil	faßiu	einfach
difícil	dshifißiu	schwierig
forte	fòrtschi	stark
fraco	fraku	schwach

grande	gr<u>ã</u>dshi	groß
pequeno	pek<u>e</u>nu	klein
lento	l<u>ẽ</u>tu	langsam
rápido	h<u>a</u>pidu	schnell
leve	l<u>ä</u>wi	leicht
pesado	pes<u>a</u>du	schwer
limpo	l<u>ĩ</u>pu	sauber
sujo	ß<u>u</u>shu	schmutzig
novo	n<u>o</u>wu	neu
jovem	sh<u>ò</u>w<u>ẽ</u>ĩ	jung
velho	w<u>ä</u>lju	alt
quente	k<u>ẽ</u>tschi	heiß
frio	fr<u>i</u>u	kalt
bom *m* / **boa** *w*	b<u>õ</u>ũ / b<u>o</u>a	gut
mau *m* / **má** *w*	mau / ma	schlecht

Daneben gibt es für „schlecht" noch das schwerer auszusprechende ruim h<u>ũ</u>ĩ.

Steigerung

Die normale Steigerung erfolgt mit Hilfe von mais majß „mehr", aber auch in umgekehrter Richtung mit menos m<u>e</u>nuß „weniger". Diese Wörtchen stehen vor dem Eigenschaftswort. Wenn man dann noch den bestimmten Artikel hinzufügt, wird dies meist als Superlativ („am meisten") verstanden.

mais barato	majß bar<u>a</u>tu	billiger
o mais barato	u majß bar<u>a</u>tu	der billigste
menos caro	m<u>e</u>nuß k<u>a</u>ru	weniger teuer
a menos cara	a m<u>e</u>nuß k<u>a</u>ra	die am wenigsten teure

a viagem mais barata

a wi<u>a</u>sch<u>e</u>i majß bar<u>a</u>ta

die Reise mehr billig

die billigste (*oder:* billigere) Reise

absoluter Superlativ

Es gibt zwei Ausdrücksmöglichkeiten für den so genannten absoluten Superlativ, nämlich muito und die Endung -íssimo. Man verwendet sie, wenn etwas in höchstem Maße eine Eigenschaft besitzt, ohne einen unmittelbaren Vergleich mit einer anderen Sache anzustellen.

muito caro	m<u>ui</u>tu k<u>a</u>ru	sehr teuer
caríssimo	kar<u>i</u>ßimu	extrem teuer
muito barato	m<u>ui</u>tu b<u>a</u>ratu	sehr billig
baratíssimo	baratschißimu	extrem billig

unregelmäßige Steigerung

Vier besonders wichtige Eigenschaftswörter können auch mit Hilfe eigener Steigerungsformen gesteigert werden. Bei den Wörtern für „größer" und „kleiner" werden diese eher bei Altersunterschieden verwendet, ansonsten geht es hier auch mit mais.

zu bom	**melhor**	meljòr	besser
zu mau	**pior**	piòr	schlechter
zu grande	**maior**	majòr	größer
zu pequeno	**menor**	menòr	kleiner

Farben

Farbbezeichnungen auf -o erhalten in der weiblichen Form wiederum -a, alle anderen bleiben unverändert.

a cor (as cores)	a kor (aß koriß)	die Farbe(n)
amarelo	amarạlu	gelb
azul	asuu	blau
branco	brạku	weiß
castanho, marrom	kaßtãnju, mahõũ	braun
cinza	ßĩsa	grau
cor-de-laranja	kor dshi larãsha	orange
cor-de-rosa	kor dshi hòsa	rosa
negro, preto	negru, pretu	schwarz
vermelho	wermelju	rot
verde	werdshi	grün
violeta	wiolẹta	violett

Umstandswörter (Adverbien)

Das Eigenschaftswort wird zum entsprechenden Umstandswort (Adverb), indem man an die weibliche Einzahlform die Endung -mente -mẹtschi anhängt. Gesteigert wird genau wie bei den Eigenschaftswörtern.

lento	lẹtu	langsam
lentamente	lẹtamẹtschi	langsam *(Umst.)*
rápido	hapidu	schnell
rápidamente	hapidamẹtschi	schnell *(Umst.)*

Bindewörter

antes que	ātß ki	bevor
assim	aßĩ	so
como	komu	wie, als
depois de	depojß dshi	nachdem
e	i	und
enquanto	ĩkuãtu	während
mas	maß	aber
por isso	pur ißu	deswegen
quando	kuãdu	als, wenn *(zeitl.)*
se	ßi	falls, wenn
também	tãbẽĩ	auch

weitere nützliche Wörter

apenas	apenaß	nur
só	ßò	allein, nur
aqui	aki	hier
aí, ali	ai, ali	da, dort
acima	aßima	oben
abaixo	abajschu	unten
adiante	adshiãtschi	vorne
atrás	atraß	hinten
dentro	dẽtru	drinnen
fora	fòra	draußen
junto	shũtu	daneben
juntos	shũtuß	zusammen
longe	lõũshi	weit (entfernt)
perto	pärtu	nahe
agora	agòra	jetzt
sempre	ßẽpri	immer

nunca	nūka	nie
logo	lògu	bald
então	īt̄āū	dann, also
em seguida	ĩ ßegida	sofort
antes	ātß	vorher
depois	depojß	danach
primeiro	primejru	zuerst
hoje	o̲shi	heute
ontem	o̲ūt̄ēī	gestern
anteontem	ātschio̲ūt̄ēī	vorgestern
amanhã	amānjā	morgen
depois de amanhã	depojß dshi amānjā	übermorgen
cedo	ße̲du	früh
tarde	ta̲rdshi	spät
já	sha	schon, nun
ainda	aīda	noch (immer)
certamente	ßārtame̲tschi	sicher, gewiss

Tätigkeitswörter

Die Tätigkeitswörter (Verben) bestehen in ihrer Grund- und Wörterbuchform (Infinitiv) immer aus einem Stamm und der jeweiligen Grundformendung. Je nach Endung unterscheidet man drei Beugungsklassen von Verben:

-ar:	**falar**	falar	sprechen
-er:	**beber**	beber	trinken
-ir:	**partir**	partschir	abreisen

Gegenwart

Folgende Beugungsmuster gelten nur für regelmäßige Verben. Die Endung verändert sich mit den jeweiligen grammatischen Personen, während der Stamm gleich bleibt. Allerdings wechselt bei einigen Verben (vor allem der -er-Klasse) der betonte Stammvokal zwischen e und ä bzw. o und ò, was man aber im Schriftbild nicht sieht.

	falar	**beber**	**partir**	
	falar	beber	partschir	
eu	**falo**	**bebo**	**parto**	*ich*
	falu	bebu	partu	
você;	**fala**	**bebe**	**parte**	*du; er / sie*
ele / ela	fala	bäbi	partschi	
nós	**falamos**	**bebemos**	**partimos**	*wir*
	falamuß	bebemuß	partschimuß	
vocês;	**falam**	**bebem**	**partem**	*ihr; sie (Mz.)*
eles / elas	falã	bäbẽĩ	partẽĩ	

Eu falo demais.
eu falu dshimajß
Ich spreche zu viel.

Nós bebemos pinga.
nòß bebemuß pĩga
Wir trinken Schnaps.

Ele parte amanhã.
eli partschi amãnjã
Er fährt morgen ab.

Anders als im Deutschen muss man im Brasilianischen die persönlichen Fürwörter (in Subjektsfunktion) oft nicht unbedingt hinzufügen, da die Person bereits aus der Verb-Endung hervorgeht. Für den Unterschied zwischen „du" und „er / sie" bzw. „ihr" und „sie *(Mz)*" gilt das aber nicht, und daher wird in diesen Personen auch meistens das Fürwort benutzt.

(Eu) falo pouco.	**você fala**	**ele fala**
(eu) falu poku	woße fala	eli fala
Ich rede wenig.	du sprichst	er spricht

Vergangenheit

Im Brasilianischen kann man sich in der Vergangenheit nicht mit zusammengesetzten Verbformen vom Typ „ich habe gegessen" elegant aus der Affäre ziehen. Es gibt solche Formen zwar, aber ihre Verwendung ist stark eingeschränkt. Die normale Ausdrucksweise für vergangene Ereignisse sind personengebeugte Formen. Hier nun das regelmäßige Muster:

	falar	beber	partir
eu	**falei**	**bebi**	**parti**
	fale_j_	bebi	partsch_i_
você;	**falou**	**bebeu**	**partiu**
ele / ela	fal_o_	bebeu	partsch_i_u
nós	**falamos**	**bebemos**	**partimos**
	fal_a_muß	beb_e_muß	partsch_i_muß
vocês;	**falaram**	**beberam**	**partiram**
eles / elas	fal_a_rã	beb_e_rã	partsch_i_rã

In der 1. Person Mz. kann man also bei den regelmäßigen Verben Gegenwart und Vergangenheit nicht unterscheiden.

Zukunft

Die einfachste Möglichkeit, die Zukunft anzudrücken, ist die Kombination eines gebeugten Modalverbs mit dem bedeutungstragenden Verb in seiner Grundform. Am wichtigsten ist dabei die Kombination mit den Personalformen von ir ir „gehen". Dies ist dann auch ganz offiziell eine der Futurbildungen des Brasilianischen.

In der Wort-für-Wort-Übersetzung steht in diesem Buch bei Verben mit você die 3. Person Einzahl (er/sie) und bei Verben mit vocês die 3. Person Mehrzahl (sie). Dies sind die entsprechenden Verbformen nämlich in Wirklichkeit. Die alte 2. Person Einzahl des Verbs ist in einigen Regionen noch halbwegs lebendig; die alte 2. Person Mehrzahl allerdings nicht mehr.

Eu quero viajar.
eu k_ä_ru wiash_a_r
ich (ich-)will reisen
Ich will reisen.

nós vamos partir
nòß w_a_muß partsch_i_r
wir (wir-)gehen abreisen
wir werden abreisen

eu vou falar
eu wo fal_a_r
ich (ich-)gehe sprechen
ich werde sprechen

você vai beber
wo_ß_e waj beb_e_r
du (er-/sie-)geht trinken
du wirst trinken

ele vai partir
eli waj partschir
er (er-)geht abreisen
er wird abreisen

nós vamos falar
nòß wamuß falar
wir (wir-)gehen sprechen
wir werden sprechen

vocês vão viajar
woßeß wãu wiashar
ihr (sie-)gehen reisen
ihr werdet reisen

eles vão partir
eliß wãu partschir
sie (sie-)gehen abreisen
sie werden abreisen

verneint

eu não vou viajar
eu nãu wo wiashar
ich nicht gehe reisen
ich werde nicht reisen

você não bebe
woße nãu bäbi
du nicht (er-/sie-)trinkt
du trinkst nicht

wichtige regelmäßige Verben

amar	amar	lieben
andar	ādar	gehen, laufen
chegar	schegar	ankommen
comprar	kõüprar	kaufen
conversar	küwerßar	reden
convidar	küwidar	einladen
ensinar	ĩßinar	lehren
entrar	ẽĩtrar	eintreten
esperar	ißperar	warten
explicar	ißplikar	erklären
falar	falar	sprechen
morar	morar	wohnen

pagar	pagar	bezahlen
perguntar	pergŭtar	fragen
reservar	heserwar	reservieren
roubar	hobar	stehlen
trabalhar	trabaljar	arbeiten
tomar	tomar	nehmen
viajar	wiashar	reisen
beber	beber	trinken
receber	heßeber	empfangen
comer	komer	essen
vender	weïder	verkaufen
compreender	kŭprieïder	verstehen
viver	wiwer	leben
abrir	abrir	öffnen
partir	partschir	abreisen

unregelmäßige Verben

Die folgenden Verben zeigen in ganz unterschiedlichem Ausmaß Unregelmäßigkeiten. Manchmal sind nur einzelne Buchstaben betroffen, manchmal aber auch der Stamm der Vergangenheitsformen. Die Endungen bleiben aber mit wenigen Ausnahmen gleich.

dar	dar	geben
dizer	dshiser	sagen
dormir	dormir	schlafen
ir	ir	gehen
ler	ler	lesen
passear	paßiar	spazieren gehen

pedir	pedsh<u>i</u>r	bitten
poder	pod<u>e</u>r	können
pôr	por	(hin)stellen, (hin)legen
preferir	prefer<u>i</u>r	bevorzugen
querer	ker<u>e</u>r	wollen
saber	ßab<u>e</u>r	wissen
sair	ßair	hinausgehen
seguir	ßeg<u>i</u>r	folgen
sentir	ß<u>ēī</u>tsch<u>i</u>r	fühlen
trazer	tras<u>e</u>r	bringen
ver	wer	sehen
vir	wir	kommen

In der folgenden Tabelle finden Sie einige der wichtigsten dieser Verben mit ihren Gegenwartsformen (G) in der linken und den Vergangenheitsformen (V) in der rechten Spalte.

	G	**V**	**G**	**V**
	dar (geben)		**dizer** (sagen)	
ich	**dou**	**dei**	**digo**	**disse**
	do	dej	dsh<u>i</u>gu	dsh<u>i</u>ßi
du; er / sie	**dá**	**deu**	**diz**	**disse**
	da	d<u>e</u>u	dsh<u>i</u>ß	dsh<u>i</u>ßi
wir	**damos**	**demos**	**dizemos**	**dissemos**
	d<u>a</u>muß	d<u>ä</u>muß	dsh<u>i</u>s<u>e</u>muß	dsh<u>i</u>ß<u>e</u>muß
sie (Mz.)	**dão**	**deram**	**dizem**	**disseram**
	d<u>ã</u>ũ	d<u>ä</u>rã	dsh<u>i</u>s<u>ēī</u>	dsh<u>i</u>ß<u>ä</u>rä

Bei den nachfolgenden Verben ebenso.

G	V	G	V
fazer (machen, tun)		**ir** (gehen)	
faço	**fiz**	**vou**	**fui**
faßu	fiß	wo	fuj
faz	**fez**	**vai**	**foi**
faß	feß	waj	foj
fazemos	**fizemos**	**vamos**	**fomos**
fasemuß	fisemuß	wamuß	fomuß
fazem	**fizeram**	**vão**	**foram**
fasẽĩ	fisärã	wãũ	forã
ter (haben)		**querer** (wollen)	
tenho	**tive**	**quero**	**quis**
tẽnju	tschiwi	käru	kiß
tem	**teve**	**quer**	**quis**
tẽĩ	tewi	kär	kiß
temos	**tivemos**	**queremos**	**quisemos**
temuß	tschiwemuß	keremuß	kisemuß
têm	**tiveram**	**querem**	**quiseram**
tẽĩ	tschiwärã	kärẽĩ	kisärã
poder (können)		**vir** (kommen)	
posso	**pude**	**venho**	**vim**
pòßu	pudshi	wẽnju	wĩ
pode	**pôde**	**vem**	**veio**
pòdshi	podshi	wẽĩ	weju
podemos	**pudemos**	**vimos**	**viemos**
podemuß	pudemuß	wimuß	wiemuß
podem	**puderam**	**vêm**	**vieram**
pòdẽĩ	pudärã	wẽĩ	wiärã

G	V	G	V
trazer (bringen)		**ver** (sehen)	
trago	**trouxe**	**vejo**	**vi**
tragu	troßi	weshu	wi
traz	**trouxe**	**vê**	**viu**
traß	troßi	we	wiu
trazemos	**trouxemos**	**vemos**	**vimos**
trasemuß	troßemuß	wemuß	wimuß
trazem	**trouxeram**	**veem**	**viram**
traseĩ	troßärä	weeĩ	wirä

Die Formen von „sein"

Mit den drei Hilfsverben ser ßer (sein), estar
ißtar (sein) und ter ter (haben) haben Sie schon
zu Anfang dieses Buches die allerwichtigsten
Verben kennen gelernt. Auch auf den Bedeu-
tungsunterschied zwischen den beiden Verben für „sein" sind Sie bereits im Kapitel
„Wörter, die weiterhelfen" hingewiesen worden. An dieser Stelle geht es um die Bildung
der Beugungsformen von ser und estar in der
Gegenwart (G), Vergangenheit (V) und Zukunft (Z), da diese Verben besonders unregel-
mäßig sind. Außerdem finden Sie hier noch
die Zukunftsformen von ter (Gegenwart und
Vergangenheit dieses Verbs waren schon im
vorherigen Abschnitt zu finden). Hier ist mit
„Zukunft" nicht die Umschreibung mit ir gemeint, sondern die eigentlichen Beugungsformen.

G		V		Z	
ser					
sou	ßo	**fui**	fuj	**serei**	ßerej
é	ä	**foi**	foj	**será**	ßera
somos	ßomuß	**fomos**	fomuß	**seremos**	ßeremuß
são	ßãũ	**foram**	forã	**serão**	ßerãũ
estar					
estou	ißto	**estive**	ißtschiwi	**estarei**	ißtarej
está	ißta	**esteve**	ißtewi	**estará**	ißtara
estamos	ißtamuß	**estivemos**	ißtschiwemuß	**estaremos**	ißtaremuß
estão	ißtãũ	**estiveram**	ißtschiwärã	**estarão**	ißtarãũ

ter (haben) – **Zukunftsformen**		
eu	**terei**	terej
você, ele / ela	**terá**	tera
nós	**teremos**	teremuß
vocês, eles / elas	**terão**	terãũ

Eu estou viajando para São Paulo.
eu ißto wiashãdu pra ßãũ paulu
ich (ich-)bin reisend für São Paulo
Ich reise nach São Paulo.

Eu estive doente. **Ele tem meu passaporte.**
eu ißtschiwi duętschi eli tẽĩ meu paßapòrtschi
ich (ich-)war krank *er (er-)hat mein Pass*
Ich war krank. Er hat meinen Pass.

A comida é boa.
a komida ä boa
die Speise (sie-)ist gut
Das Essen ist gut.

Fragen

Entscheidungsfragen, also diejenigen, auf die man üblicherweise mit „ja" oder „nein" antwortet, unterscheiden sich nicht in ihrer Wortreihenfolge vom normalen Aussagesatz. Lediglich der Tonfall steigt zum Satzende an.

Você pode me ajudar?
woße pòdshi mi ashudar
du (er-/sie-)kann mir helfen
Können Sie mir helfen?

Ergänzungsfragen werden mit konkreten Fragewörtern gebildet, die üblicherweise ganz am Satzanfang stehen

Die unbetonte Form o que *ist der Normalfall, die betonte Form* o quê *benutzt man z. B. wenn das Fragewort allein steht („Waaas?").*

quem?	wer?	**onde?**	wo?
kẽĩ		õũdshi	
o que?,	was?	**para onde?**	wohin?
o quê?			
u ki, u ke		pra õũdshi	
como?	wie?	**qual?**	welche, -r?
komu		kuau	
porquê?	warum?	**para quê?**	wofür?
purke		para ke	
quando?	wann?	**quanto?**	wie viel?
kuãdu		kuãtu	

Quanto *hat auch weibliche bzw. Mehrzahlformen (*quantos, quantas *„wie viele").*

Onde está a farmácia?
õũdshi ißta a farmaßia
wo (sie-)ist die Apotheke
Wo ist die Apotheke?

Porquê você bebe leite?
purke woße bäbi lejtschi
warum du (er-/sie-)trinkt Milch
Warum trinkst du Milch?

Quando chega o ônibus?
kuãdu schega u onibuß
wann (er-)kommt der Bus
Wann kommt der Bus?

Qual a direção?
kuau a dshireßãũ
welche die Richtung
Welche Richtung?

Para onde vai a mala?
pra õũdshi waj a mala
für wo (sie-)geht die Koffer
Wohin geht der Koffer?

Quanto custa a passagem?
kuãtu kußta a paßashẽĩ
wie-viel (sie-)kostet die Fahrkarte
Wie viel kostet die Fahrkarte?

Onde tem um hotel barato?
õũdshi tẽĩ ũ otãu baratu
wo (es-)hat ein Hotel billig
Wo gibt es ein billiges Hotel?

Onde está a próxima parada?
õūdshi ißta a pròßima parada
wo ist die nächste Haltestelle
Wo ist die nächste Haltestelle?

Como chegar à estação rodoviária?
komu schegar a ißtaßāū hodowiaria
wie ankommen zu-die Station landstraßisch
Wie kommt man zum Busbahnhof?

Quantas paradas são até o bairro …?
kuātaß paradaß ßāū atä u bajhu
wie-viele Haltestellen sind bis der Stadtteil
Wie viele Haltestellen sind es bis zum
Stadtteil …?

© Riotur

■Straßenbahn in Rio

Zahlen

Für die Zahlen „1" und „2" gibt es jeweils eine männliche und eine weibliche Form.

1	**um** *m*, **uma** *w*	6	**seis** ßejß
	ũ, <u>u</u>ma		
2	**dois** *m*, **duas** *w*	7	**sete** ß<u>ä</u>tschi
	dojß, d<u>u</u>aß		
3	**três** treß	8	**oito** <u>o</u>jtu
4	**quatro** ku<u>a</u>tru	9	**nove** n<u>ò</u>wi
5	**cinco** ß<u>i</u>ku	10	**dez** däß
11	**onze** <u>õũ</u>si	16	**dezesseis**
			deseß<u>e</u>jß
12	**doze** d<u>o</u>si	17	**dezessete**
			deseß<u>ä</u>tschi
13	**treze** tr<u>e</u>si	18	**dezoito**
			des<u>o</u>jtu
14	**catorze, quatorze**	19	**dezenove**
	kat<u>o</u>rsi		desen<u>ò</u>wi
15	**quinze** k<u>i</u>si	20	**vinte** w<u>i</u>tschi
21	**vinte e um (uma)**	60	**sessenta**
	w<u>i</u>tschi i ũ (<u>u</u>ma)		ßeß<u>ẽ</u>ta
22	**vinte e dois (duas)**	70	**setenta**
	w<u>i</u>tschi i dojß (d<u>u</u>aß)		ßet<u>ẽ</u>ta
23	**vinte e três**	80	**oitenta**
	w<u>i</u>tschi i treß		ojt<u>ẽ</u>ta
30	**trinta** tr<u>i</u>ta	90	**noventa**
			now<u>ẽ</u>ta
40	**quarenta** kuar<u>ẽ</u>ta	100	**cem** ß<u>ẽ</u>ĩ
50	**cinquenta**	105	**cento e cinco**
	ß<u>i</u>ku<u>ẽ</u>ta		ß<u>ẽ</u>tu i ß<u>i</u>ku

Die „6" heißt in längeren Zahlenreihen (z. B. Telefonnummern) oft auch meia meja *„halbe", im Sinne von „halbes Dutzend".*

Die Schreibweise quatorze *ist in Brasilien ebenfalls gebräuchlich, auch wenn sie für die Aussprache nicht ganz angemessen erscheint.*

Bei den zusammengesetzten Zahlen werden die Einer, Zehner und Hunderter jeweils mit e *„und" aneinander angeschlossen.*

Für „100" steht cem *als einzelne Zahl, und* cento, *wenn noch Zehner oder Einer folgen.*

Die Vielfachen von 100 haben wiederum eine männliche und eine weibliche Form.

200	**duzentos (-as)**
	dus<u>e</u>tuß (-aß)
300	**trezentos (-as)**
	tres<u>e</u>tuß (-aß)
333	**trezentos (-as) e trinta e três**
	tres<u>e</u>tuß (-aß) i tr<u>i</u>ta i treß
	dreihundert und dreißig und drei
400	**quatrozentos (-as)**
	kuatrus<u>e</u>tuß (-aß)
500	**quinhentos (-as)**
	k<u>i</u>nj<u>e</u>tuß (-aß)
600	**seiscentos (-as)**
	ßejß<u>e</u>tuß (-aß)
700	**setecentos (-as)**
	ßätschiß<u>e</u>tuß (-aß)
800	**oitocentos (-as)**
	ojtuß<u>e</u>tuß (-aß)
900	**novecentos (-as)**
	nòwiß<u>e</u>tuß (-aß)
1000	**mil**
	miu
500.000	**quinhentos mil**
	k<u>i</u>nj<u>e</u>tuß miu
	fünfhundert tausend
1 Mio.	**um milhão**
	<u>u</u> milj<u>a</u><u>u</u>

mil novecentos e noventa e sete
miu nòwiß<u>e</u>tuß i now<u>e</u>ta i ßätschi
tausend neunhundert und neunzig und sieben
1997

Ordnungszahlen (Ordinalzahlen)

Die brasilianischen Ordnungszahlen sind ebenso wie im Deutschen Eigenschaftswörter, die in Zahl und Geschlecht mit ihrem Bezugswort übereinstimmen. Daher haben sie allesamt weibliche sowie auch Mehrzahlformen (auf -a, -os, -as).

1.	**primeiro** primejru	9.	**nono** nonu
2.	**segundo** ßegũdu	10.	**décimo** däßimu
3.	**terceiro** terßejru	11.	**décimo-primeiro** däßimu primejru
4.	**quarto** kuartu	12.	**décimo-segundo** däßimu ßegũdu
5.	**quinto** kĩtu	13.	**décimo-terceiro** däßimu terßejru
6.	**sexto** ßeßtu		*usw.*
7.	**sétimo** ßätschimu	20.	**vigésimo** wishäsimu
8.	**oitavo** ojtawu	30.	**trigésimo** trishäsimu

Eu moro no décimo andar.
eu mòru nu däßimu ãdar
ich (ich-)wohne in-der zehntes Stockwerk
Ich wohne im zehnten Stock.

Ela é a terceira mulher.
äla ä a terßejra muljär
sie (sie-)ist die dritte Frau
Sie ist die dritte Frau.

Bruchzahlen

Bis auf die Ausdruck für „halb" und „Drittel"
sind die Nenner bei den Bruchzahlen mit den
jeweiligen Ordnungszahlen identisch.

1/2	**meio** meju	2/3	**dois terços** dojß terßuß
1/3	**um terço** ũ terßu	1/10	**um décimo** ũ däßimu
1/4	**um quarto** ũ kuartu	1/100	**um centésimo** ũ ßēītäsimu
1/5	**um quinto** ũ kĩtu	1/1000	**um milésimo** ũ miläsimu

© Christian Knepper@Embratur

Zeitangaben

Die Frage nach der Uhrzeit wird in der Mehrzahl gestellt.

Que horas são?
ki òraß ßãũ
was Stunden sind
Wie spät ist es?

São cinco e quinze.
ßãũ ßĩku i kĩsi
sind fünf und fünfzehn
Es ist 5 Uhr 15.

É uma e quarenta.
ä uma i kuarẽta
ist eine und vierzig
Es ist 1 Uhr 40.

São sete e meia.
ßãũ ßätschi i meja
sind sieben und halbe
Es ist halb acht.

São vinte para as duas.
ßãũ wĩtschi para aß duaß
sind zwanzig für die zwei
Es ist zwanzig vor zwei.

segundo	ßegũdu	Sekunde
minuto	minutu	Minute
hora	òra	Stunde
meia hora	meja òra	halbe Stunde
quarto de hora	kuartu dshi òra	Viertelstunde

Von den Wochentagen sind nur der Sonntag und Samstag männlichen Geschlechts. Die Arbeitstage sind weiblich und basieren alle auf feira fejra „Markt(tag)". Sie werden mit den Ordnungszahlen durchnummeriert, beginnend mit Montag als dem „zweiten Markt-

In der Umgangssprache wird dieses feira *aber weggelassen und der Wochentag dann nur mit der jeweiligen Ordnungszahl benannt.*

tag". Allerdings wird für den Dienstag die aus den Bruchzahlen bekannte Variante terça „dritte" verwendet.

Wochentage

dia	**domingo**	domĩgu	Sonntag
dshia	**segunda-feira**	ßegũda fejra	Montag
Tag	**terça-feira**	terßa fejra	Dienstag
	quarta-feira	kuarta fejra	Mittwoch
semana	**quinta-feira**	kĩta fejra	Donnerstag
ßemana	**sexta-feira**	ßeßta fejra	Freitag
Woche	**sábado**	ßabadu	Samstag

Monate

mês	**janeiro**	shanejru	Januar
meß	**fevereiro**	fewerejru	Februar
Monat	**março**	marßu	März
	abril	abriu	April
ano	**maio**	maju	Mai
anu	**junho**	shũnju	Juni
Jahr	**julho**	shulju	Juli
	agosto	agoßtu	August
	setembro	ßetẽbru	September
	outubro	otubru	Oktober
	novembro	nowẽbru	November
	dezembro	desẽbru	Dezember

Eles viajam em março.
eliß wiashã ĩ marßu
sie (sie-)reisen im März
Sie reisen im März.

Elas chegam na segunda-feira.

älaß sh<u>e</u>gã na ße<u>gũ</u>da f<u>e</u>jra

sie (sie-)kommen in-der Montag

Sie kommen am Montag.

Jahreszeiten

Jahreszeiten (estações do ano ißta<u>ßõ</u>ĩß du <u>a</u>nu) sind im Norden Brasiliens kaum auszumachen, höchstens eine Regen- und eine Trockenzeit. Im Süden kann es im Winter ganz schön kalt werden.

primavera	primaw<u>ä</u>ra	Frühling
verão	wer<u>ãũ</u>	Sommer
outono	ot<u>o</u>nu	Herbst
inverno	ĩw<u>ä</u>rnu	Winter

Tageszeiten

de madrugada	dshi madrug<u>a</u>da	frühmorgens
de manhã	dshi mãnj<u>ã</u>	morgens
ao meio-dia	au m<u>e</u>ju dsh<u>i</u>a	mittags
de tarde	dshi t<u>a</u>rdshi	nachmittags
de noite	dshi n<u>o</u>jtschi	nachts
à meia-noite	a m<u>e</u>ja n<u>o</u>jtschi	mitternachts

Nach all der trockenen Grammatik wird es aber wirklich Zeit für folgende drei Begriffe:

férias	f<u>ä</u>riaß	Ferien
feriado	feri<u>a</u>du	Feiertag
fim de semana	fĩ dshi ße<u>ma</u>na	Wochenende

Dies kann man leicht mit feira *verwechseln!*

Tradition trifft Moderne: Brasilianische Kunst

Wer sich in Deutschland benehmen kann, hat in Brasilien keine Schwierigkeiten zu erwarten.

Schöne Frauen werden in der Stadt von Männern „angemacht". Pfeifen und andere Lautäußerungen sind aber fast nie böse gemeint. Einen Blickkontakt zu erwidern, kann dabei als Ermunterung aufgefasst werden. Stur nach vorne zu gucken ist dagegen eine angemessene Reaktion.

In Metropolen wie São Paulo und Rio de Janeiro sind gewisse Gegenden vor allem abends unsicher. Erkundigen Sie sich vorher im Hotel. Eine favela fawäla (Slumviertel) alleine und gar mit Kamera zu besuchen, ist nur für Kamikazes geeignet. Aber auch sonst keine wertvollen Gegenstände offen zeigen (Fotoapparat, Goldkette usw.). Bei einem Überfall keine Gegenwehr leisten. Den Mund halten und alles hergeben. Das große Geld und Wertsachen bei Bekannten oder im Hotelsafe aufbewahren.

Autostopp nur in Gruppen machen. Alleine ist das Risiko groß, auch für Männer.

Nicht jeder Fluss oder See eignet sich zum Baden. Vorher fragen! Die Krankheit Bilharziose ist unangenehm.

Nordamerikanische Bürger werden bewundert, aber oft auch gehasst. Deutsche genießen deutlich mehr Sympathien. Zugleich bringt man „Deutsch" aber auch mit den Nazis in Verbindung. Dabei stehen dahinter oft keine antideutschen Ressentiments, sondern eher Gedankenlosigkeit.

Nicht alle privaten Einladungen sind ernst gemeint. Manchmal sind es sogar Ausladungen. Zu spät zu kommen, gehört zum guten Ton, ist aber nicht unbedingt erforderlich.

Gesten & Handzeichen

Viele Gesten sind wie bei uns, z. B. das Kopfnicken als Bejahung, oder mit dem Zeigefinger auf die Stirn tippen als Zeichen für „bescheuert". Die Beleidigungspalette ist jedoch breiter, und da können leicht Missverständnisse entstehen.

Das Okay-Zeichen der Amis mit Zeigefinger und Daumen zum O geformt bedeutet in Brasilien „Leck mich ..." oder Schlimmeres.

Mit der flachen Hand auf das O tippen bedeutet „vögeln". Die Faust mehrmals nach unten strecken bedeutet das Gleiche.

Die Faust und der andere Arm im Ellenbogen steht für „Banane" (= Penis) oder „Du kannst mich mal ...".

Ausgestreckter Zeigefinger und kleiner Finger bedeutet corno kornu, also „gehörnt" (= betrogener Ehemann).

Zum Herbeirufen wird mehrmals psiu pßiu gerufen.

Zum Verneinen wird mehrmals mit der Zunge geschnalzt.

Zeigefinger und Daumen am Ohrläppchen bedeutet „gut", „ausgezeichnet".

Viele Häuser in Brasilien haben keine Klingel. Man macht die Bewohner durch Händeklatschen auf sich aufmerksam.

GESTOS DOS CONDUTORES

← ESQUERDA   DIREITA →   VOU PARAR

Ansprechen

Mit Freundlichkeit und Respekt kann man in Brasilien Berge versetzen. Unbekannte werden zuerst immer mit o senhor u ßēnjor bzw. a senhora a ßēnjora angeredet. Das Duzen kommt aber schon bald danach.

Begrüßen

♪ **Bom dia!**	Guten Morgen / Tag!
bōū dshia	
♪ **Boa tarde!**	Guten Nachmittag!
boa tardshi	
♪ **Boa noite!**	Guten Abend! / Gute Nacht!
boa nojtschi	
♪ **Oi!, Obá!, Boas!**	
oj, oba, boaß	Hallo!

Mit einem Smartphone können Sie sich die mit einem ♪ gekennzeichneten Sätze dieses Kapitels anhören. Scannen Sie einfach den QR-Code mit Hilfe einer kostenlosen App (z. B. „Barcoo" oder „Scanlife").

Sich vorstellen

🔊 **Meu nome é Fritz, muito prazer em conhecê-lo /conhecê-la.** *(formell)*
mẹu nọmi ä friz(i) mũĩtu prasẹr ĩ künjeßẹlu / künjeßela
mein Name ist Fritz viel Vergnügen in kennenlernen-ihn / kennenlernen-sie
Mein Name ist Fritz. Es freut mich, Sie *(Mann / Frau)* kennen zu lernen.

🔊 **O prazer é todo meu.**
u prasẹr ä tọdu mẹu
der Vergnügen (er-)ist ganz mein
Ganz meinerseits.

🔊 **Eu me chamo Fritz. Como vai?** *(informell)*
ẹu mi schạmu friz(i) kọmu waj
ich mich (ich-)nenne Fritz wie (es-)geht
Ich heiße Fritz. Wie geht es Ihnen / dir?

🔊 **Tudo bem. E você?**
tụdu bẽĩ i woßẹ
alles gut und du
Sehr gut. Und dir?

Sich verabschieden

🔊 **Até logo!**	atä lògu	Auf Wiedersehen!
🔊 **Até a vista!**	atä a wißta	Auf Wiedersehen!
🔊 **Adeus!**	adẹuß	Auf Wiedersehen!
🔊 **Tchau!**	tschau	Tschüss!

Bitten / Danken

🔊 **Por favor ...!**	Bitte, ...!
pur fawor	
🔊 **Obrigado / -a!**	Danke!
obrigadu / obrigada	*(sagt Mann / sagt Frau)*
🔊 **Muito obrigado!**	Vielen Dank!
müïtu obrigadu	
🔊 **Deus lhe pague!**	Gott vergelt's!
deuß lji pagi	*(Gott ihm/ihr es-bezahle)*
De nada!	Keine Ursache!
dshi nada	*(von nichts)*

Wenn man sich im Namen einer ganzen Gruppe bedankt, sagt man dementsprechend in der Mehrzahl obrigados *bzw.* obrigadas *(letzteres aber nur bei reinen Frauengruppen).*

sich entschuldigen

🔊 **Desculpa!**	dshißkuupa	Entschuldige!
🔊 **Perdão!**	perdãü	Verzeihung!

Beglückwünschen

🔊 **Parabéns!**	Glückwunsch!
parabẽïß	
🔊 **Meus parabéns!**	Meinen Glückwunsch!
meuß parabẽïß	
🔊 **Saúde!**	Prost! *(beim Trinken)* /
ßaudshi	Gesundheit! *(Niesen)*

Bewundern

🔊 **Jóia!**	shòja	Wunderbar!	*wörtl. „Schmuck"*
🔊 **Tudo legal!**	tudu legau	Alles prima!	*„alles legal"*
🔊 **E um barato!**	ä ũ baratu	Superklasse!	*„ist ein Billiges"*
🔊 **Legal!**	legau	Prima!	*„legal"*

Redewendungen

🎙 **Oi, como vai?**
oj komu waj
Hallo, wie geht's?

🎙 **Tudo bem, obrigado.**
tudu bēī obrigadu
Alles gut, danke.

🎙 **Você também vai viajar amanhã?**
woße tābēī waj amãnjã
du auch (er-/sie-)geht reisen morgen
Verreist du morgen auch?

🎙 **Não. Tenho que ficar mais dois dias.**
nãū tēnju ki fikar majß dojß dshiaß
nein (ich-)habe dass bleiben mehr zwei Tage
Nein. Ich muss noch zwei Tage bleiben.

Redewendungen

Das Wort jeitinho shejtschīnju hat in Brasilien eine besondere Bedeutung. Es bedeutet, etwas machbar zu machen, was eigentlich nicht gehen dürfte bzw. unmöglich ist, z. B. noch einen Platz in einem vollen Bus oder Hotel zu besorgen. Mit einem jeitinho bekommt man in einem Restaurant auch noch ein Essen, wenn die Küche schon geschlossen hat. Es ist kurzum ein Schlüsselbegriff zum Verständnis der brasilianischen Lebensart. Die vollständige Redewendung lautet dar um jeitinho „eine Möglichkeit geben".

O senhor pode dar um jeitinho de arrumar um lugar?
u ßẽnjor pòdshi dar ũ shejtschĩnju dshi ahumar ũ lugar
der Herr (er-)kann geben ein Möglichkeit zu besorgen ein Platz
Können Sie irgendwie einen Platz besorgen?

Die Redewendung quebrar o galho kebrar u galju („einen Ast brechen") hat eine ähnliche Bedeutung wie jeitinho, nämlich „etwas improvisieren".

O senhor pode quebrar o galho e arranjar uma passagem?
u ßẽnjor pòdshi kebrar u galju i ahãshar uma paßashẽĩ
der Herr (er-)kann brechen der Ast und besorgen eine Fahrkarte
Können Sie improvisieren und eine Fahrkarte besorgen?

Ein anderes Thema ist hingegen die Redewendung estar por fora ißtar pur fòra („draußen sein"). Dies sagt man nämlich, wenn jemand „nicht im Bilde ist", also etwas nicht mitbekommt oder versteht.

Estou por fora. Não entendo nada.
ißto pur fòra nãũ ĩtẽdu nada
(ich-)bin draußen nicht (ich-)verstehe nichts
Ich bin nicht im Bilde. Ich verstehe nichts.

Ein- & Ausreise

Vor Ihrer Ankunft erhalten Sie im Flugzeug ein Einreiseformular (cartão de entrada e saída kartāŭ dshi ītrạda i ßaịda). Dort müssen Sie verschiedene Felder ausfüllen.

Entrada ītrạda bedeutet in diesem Zusammenhang „Einreise". Üblicherweise versteht man darunter „Eingang, Einfahrt" oder auch „Eintrittskarte". Saída ßaịda wiederum ist die „Ausreise", bedeutet aber auch der „Ausgang".

Bei Punkt 2, nome completo nọmi kŭplạtu (vollständiger Name), ist es üblich, mit dem Vornamen zu beginnen.

Bei Punkt 3, motivo da viagem motschịwu da wiạshēī (Grund der Reise), geht es um statistische Informationen.

Bei Punkt 4 wird nach der Nummer des Reisepasses oder eines equivalente ekiwalētschi (Gleichwertiges) wie Personalausweis gefragt.

Residente hesidētschi bedeutet „ansässig", und residência hesidēīßia „Wohnsitz".

Uso oficial ụsu ofißiạu bedeutet „(nur für den) Amtsgebrauch". Data de nascimento dạta dshi naßimētu ist das Geburtsdatum.

Sowohl dieser cartão als auch der Reisepass erhalten bei der Einreisekontrolle einen Stempel. Es ist ratsam, die Karte aufzubewahren und bei der Ausreise abzugeben, denn dann braucht man sie (in den meisten Fällen!) nicht noch einmal auszufüllen.

Unterwegs

Langstrecken-Busse fahren meistens von einem zentralen Busbahnhof (estação rodoviária ißtaßãũ hodowiaria) ab. Man kann durch fast ganz Brasilien mit dem Bus reisen. Einige Strecken werden von mehreren Busunternehmen bedient. Sie können dann Preise und Komfort vergleichen. Bei längeren Reisen (sechs bis sieben Tage) ist ein Bus mit Toilette, Klimaanlage und Bordservice bestimmt angenehmer, wenn auch teurer. Im Süden gibt es Eisenbahnen. Die Fahrt ist angenehm und unterhaltsam, dauert nur etwas länger.

Allgemeines rund ums Reisen

a saída,	a ßaida,	Abfahrt
a partida	a partschida	
a chegada	a schegada	Ankunft
descer, saltar	deßer, ßautar	aussteigen
a entrada	a ĩtrada	Eingang
entrar, subir	ĩtrar, ßubir	einsteigen
o preço	u preßu	Preis
alugar	alugar	mieten
pedir carona,	pedshir karona	per Anhalter
viajar a dedo	wiashar a dedu	fahren
pontual	pontuau	pünktlich
a agência	a ashẽĩßia	Reisebüro
de viagens	dshi wiashẽĩß	
rápido	hapidu	schnell

assegurar	aßegurar	versichern
o seguro	u ßeguru	Versicherung
o atraso	u atrasu	Verspätung

Verkehrsmittel & Verkehrsteilnehmer

o carro,	u kahu	Auto, Wagen
o automóvel	u automòweu	
o (a) motorista	u (a) motorißta	Autofahrer(in)
a estação de trem	a ißtaßãũ dshi trẽĩ	Bahnhof
o vagão	u wagãũ	Bahnwaggon
o ônibus	u onibuß	Bus
a estação rodoviária	a ißtaßãũ hodowiaria	Busbahnhof
a passagem / o bilhete	a paßashẽĩ / u biljetschi	Fahrkarte
a tarifa	a tarifa	Fahrpreis
a bicicleta	a bißikläta	Fahrrad
o voo	u wou	Flug
o avião	u awiãũ	Flugzeug
o aeroporto	u aäroportu	Flughafen
o (a) pedestre	u (a) pedäßtri	Fußgänger(in)
o ponto / a parada (de ônibus)	u põũtu / a parada (dshi onibuß)	(Bus-) Haltestelle
o caminhão	u kamĩnjãũ	Lastwagen
a motocicleta	a motoßikläta	Motorrad
o desconto	u dshißkõũtu	Rabatt
o (a) ciclista	u (a) ßiklißta	Radfahrer(in)
reservar	heserwar	reservieren
o lotação	u lotaßãũ	Routentaxi

Eine parada de ônibus kann aber auch eine Pause bei Langstreckenfahrten sein.

Ein lotação (männlich!) hat eine festgelegte Fahrtstrecke in der Stadt und ist billiger als ein Taxi. Es kann sich auch um einen Kleinbus handeln. Es fährt meist erst dann ab, wenn alle Plätze belegt sind.

o guichê	u gische	Schalter
o bonde	u bõūdshi	Straßenbahn
o táxi	u takßi	Taxi
o ponto de táxi	u põūtu dshi takßi	Taxistand
o metrô	u metro	U-Bahn
o trem	u trēï	Zug

🖉 **Quero uma passagem de ida e volta para Porto Alegre.**
käru uma paßashēï dshi ida i wòuta para portu alägri
(ich-)will eine Fahrkarte von Hinfahrt und Rückkehr für Porto Alegre
Ich möchte eine Rückfahrkarte nach Porto Alegre.

🖉 **Por favor, só quero uma passagem de ida para o Rio.**
pur fawor ßò käru uma paßashēï dshi ida para u hiu
durch Gefallen nur (ich-)will eine Fahrkarte von Hinfahrt für der Rio
Ich möchte bitte eine einfache Fahrt nach Rio.

🖉 **Tem desconto para estudantes?**
tēï dshißkõūtu para ißtudätschiß
(es-)hat Rabatt für Studenten
Gibt es Rabatt für Studenten / Schüler?

🖉 **Gostaria de uma poltrona na janela.**
goßtaria dshi uma poutrona na shanäla
(ich-)würde-mögen von eine Sitz in-die Fenster
Ich möchte einen Fensterplatz.

♪ Quero um lugar no corredor.
käru ũ lugar nu kohedor
(ich-)will ein Platz in-der Gang
Ich möchte einen Platz am Gang.

♪ Não quero o assento do meio.
nãũ käru u aßẽtu du meju
nicht (ich-)will der Sitz von-der Mitte
Ich möchte keinen Mittelplatz.

♪ Quanto custa a passagem?
kuãtu kußta a paßashẽĩ
wie-viel (sie-)kostet die Fahrkarte
Wie viel kostet die Fahrkarte / der Flugschein?

♪ Onde é o ponto do ônibus / do metrô mais próximo?
õũdshi ä u põũtu du onibuß / du metro majß pròßimu
wo (er-)ist der Punkt von-der Bus / von-der U-Bahn mehr nächster
Wo ist die nächste Bus- / U-Bahn-Haltestelle?

♪ Onde é o banheiro para mulheres / homens?
õũdshi ä u bãnjejru pra muljäriß / omẽĩß
wo ist der Toilette für Frauen / Männer
Wo ist das WC für Frauen / Männer?

♪ Onde está o guichê da empresa / de ônibus Cometa?
õũdshi ä u gische da ĩpresa / dshi onibuß kometa
wo ist der Schalter von-die Firma / von Bus Cometa
Wo ist der Schalter der Firma „Cometa"?

Gepäck		
a carteira	a kartejra	Brieftasche
a bagagem	a bagashēï	Gepäck
a mala	a mala	Koffer
a mochila	a muschila	Rucksack
a bolsa	a boußa	Tasche

🔊 **Onde posso guardar a minha bagagem?**
õūdshi pòßu guardar a mĩnja bagashēï
wo (ich-)kann aufbewahren die meine Gepäck
Wo kann ich mein Gepäck aufbewahren?

🔊 **Eu perdi minhas malas. O quê fazer?**
eu perdshi mĩnjaß malaß u ke faser
ich (ich-)verlor meine Koffer der was tun
Ich habe meine Koffer verloren.
Was kann ich tun?

Im Flugverkehr gelten in Brasilien bei großen Verspätungen oder der Nichtbeförderung von Fluggästen, Gepäckverlust usw. hinsichtlich der Fluggastrechte ähnliche Regelungen wie in der Europäischen Union. Wenden Sie sich an den Informationsschalter im Flughafen, um ein eventuelles Entschädigungsverfahren einzuleiten.

Es ist ratsam, seinen Rückflug aus Brasilien wenige Tage vorher telefonisch bei der Fluggesellschaft zu bestätigen.

Quero fazer uma reclamação.
käru faser uma heklamaßāū
(ich-)will machen eine Reklamation
Ich möchte eine Beschwerde einleiten.

O meu voo atrasou mais de quatro horas.
u m<u>e</u>u w<u>o</u>u atras<u>o</u> majß dshi ku<u>a</u>tru òraß
der mein Flug (er-)verspätete mehr von vier Stunden
Mein Flug hatte mehr als vier Stunden
Verspätung.

Transport zu Wasser		
o barco	u b<u>a</u>rku	Boot
a balsa	a b<u>au</u>ßa	Fähre
o porto	u p<u>o</u>rtu	Hafen
o navio	u naw<u>i</u>u	Schiff

in der Stadt		
dobrar	dobr<u>a</u>r	abbiegen
atravessar,	atraweß<u>a</u>r,	überqueren
cruzar	krus<u>a</u>r	
seguir	ße<u>gi</u>r	weitergehen,
		weiterfahren
virar	wir<u>a</u>r	wenden
à esquerda	a ißk<u>e</u>rda	nach links
à direita	a dshir<u>ej</u>ta	nach rechts
em frente, reto	ĩ fr<u>ē</u>tschi, h<u>ä</u>tu	geradeaus
aqui – lá	ak<u>i</u> – la	hier – dort
o quarteirão	u kuartejr<u>ãũ</u>	Häuserblock
a esquina	a ißk<u>i</u>na	Straßenecke

🔊 **Como chegar até o centro da cidade?**
k<u>o</u>mu schegar at<u>ä</u> u ß<u>ē</u>tru da ßid<u>a</u>dshi
wie ankommen bis der Zentrum von-die Stadt
Wie kommt man ins Stadtzentrum?

🐾 **É muito longe a pé?**
ä mũĩtu lõũshi a pä
ist sehr weit zu Fuß
Ist es sehr weit zu laufen?

o endereço	u ĩdereßu	Adresse
a alameda,	a alameda	Allee
a avenida	a awenida	
o farol,	u faròl,	Ampel
o semáforo	u ßemaforu	
a farmácia	a farmaßia	Apotheke
a biblioteca	a bibliotäka	Bibliothek
a embaixada	a ĩbajschada	Botschaft
a livraria	a liwraria	Buchladen
a tinturaria	a tschĩturaria	chemische Reinigung
a galeria	a galeria	Galerie, Einkaufszentrum
o edifício	u edshifißiu	Gebäude
a capital	a kapitau	Hauptstadt
a casa	a kasa	Haus
o prédio	u prädshiu	Hochhaus
o cine(ma)	u ßini, ßinema	Kino
a igreja	a igresha	Kirche
o mosteiro	u moßtejru	Kloster
o consulado	u küßuladu	Konsulat
o mercado	u merkadu	Markt(halle)
o museu	u museu	Museum
o parque	u parki	Park
a praça	a praßa	Platz
a favela	a fawäla	Slum
a cidade	a ßidadshi	Stadt
a periferia	a periferia	Stadtrand

o bairro, a vila	u bajhu, a wila	Stadtteil
o andar	u ãdar	Stockwerk
a rua	a hua	Straße
a feira livre	a fejra liwri	Straßenmarkt
o teatro	u tschiatru	Theater
a universidade	a uniwerßidadshi	Universität
a lavanderia	a lawãderia	Wäscherei
o caminho	u kamĩnju	Weg
o apartamento	u apartamẽtu	Wohnung *(Etage)*
a moradia	a moradshia	Wohnung *(Bleibe)*
a banca de jornais	a bãka dshi shornajß	Zeitungskiosk
o centro	u ßẽtru	Zentrum

In größeren Städten gibt es Stadtteile, die
man nachts meiden sollte, weil das Risiko,
überfallen zu werden, relativ groß ist. Deshalb
ist es ratsam, sich vorher zu informieren.

🔊 **Este bairro é perigoso de noite / de dia?**
eßtschi bajhu ä pirigosu dshi nojtschi / dschi dschia
dieser Stadtteil ist gefährlich von Nacht / von Tag
Ist dieser Stadtteil nachts / tagsüber
gefährlich?

🔊 **Onde é o centro da cidade?**
õũdshi ä u ßẽtru da ßidadshi
wo (er-)ist der Zentrum von-die Stadt
Wo ist das Stadtzentrum?

♪ **Procuro uma agência de viagem.**
prok<u>u</u>ru <u>u</u>ma ash<u>ē</u>ßia dshi wi<u>a</u>shēï
(ich-)suche eine Agentur von Reise
Ich suche ein Reisebüro.

♪ **Quero telefonar para a embaixada alemã.**
k<u>ä</u>ru telefon<u>a</u>r pra a ïbajsch<u>a</u>da alem<u>ã</u>
(ich-)will telefonieren für die Botschaft deutsche
Ich möchte bei der deutschen Botschaft
anrufen.

♪ **Preciso o telefone do consulado alemão.**
preßisu u telef<u>o</u>ni du k<u>ü</u>ßul<u>a</u>du alem<u>ãũ</u>
(ich-)brauche der Telefon von-der Konsulat deutsche
Ich brauche die Telefonnummer des
deutschen Konsulats.

♪ **Onde tem um restaurante bom e barato?**
<u>õũ</u>dshi tēï ũ heßtaur<u>ã</u>tschi b<u>õ</u>ũ i bar<u>a</u>tu
wo (es-)hat ein Restaurant gut und billig
Wo gibt es ein gutes und preiswertes
Restaurant?

♪ **Como chego a rodoviária?**
k<u>o</u>mu sch<u>e</u>gu a hodowi<u>a</u>ria
wie (ich-)komme zu landstraßische
Wie komme ich zum Busbahnhof?

♪ **Como faço para chegar ao museu / estádio / hotel?**
k<u>o</u>mu f<u>a</u>ßu p<u>a</u>ra scheg<u>a</u>r au mus<u>e</u>u / ißt<u>a</u>dshiu / ot<u>ä</u>u
wie (ich-)mache für ankommen zu-der Museum / Stadion / Hotel
Wie komme ich zum Museum / Stadion / Hotel?

Unterwegs

o baile	u bajli	Tanz(party)
a discoteca	a dshißkotäka	Diskothek
a boate	a buatschi	Nachtlokal
o sambão	u ßäbãũ	Samba-Lokal
a festa	a fäßta	Fest, Feier
o pagode	u pagòdshi	Livemusik, Tanz, Speisen & Getränke
o forró	u fohò	Tanzfest zu nordostbrasilian. Musik
o baile funk	u bajli fũki	Tanzfest mit brasilian. Hiphop

für den Autofahrer

guinchar, rebocar	gīschar, hebokar	abschleppen
o eixo	u ejschu	Achse
o farol, o semáforo	u faròl, u ßemaforu	Ampel
o arranque	u ahãki	Anlasser
o escape	u ißkapi	Auspuff
a autoestrada	a autuißtrada	Autobahn
a bateria	a bateria	Batterie
a gasolina	a gasolina	Benzin
o tanque	u tãki	Benzintank
o pisca-pisca	u pißka pißka	Blinker

Dies ist nur die große Autobatterie. Kleine (und nicht wiederaufladbare) Batterien, z. B. für das Radio, heißen pilha pilja.

o freio (de mão)	u freju (dshi mãũ)	(Hand-) Bremse
a multa	a muuta	Bußgeld
alugar	alugar	mieten
a pressão	a preßãũ	Druck
o estepe, o pneu de reserva	u ißtäpi	Ersatzreifen
a peça de reposição	a päßa dshi heposißãũ	Ersatzteil
as molas	as mòlaß	Federn
a carteira de motorista	a kartejra dshi motorißta	Führerschein
a marcha (a ré)	a marscha (a hä)	(Rückwärts-) Gang
o câmbio	u käbiu	Gangschaltung
o acelerador	u aßelerador	Gaspedal
a caixa de câmbio	a kajscha dschi käbiu	Getriebe
o vidro	u widru	Glasscheibe
a buzina	a busina	Hupe
o cabo	u kabu	Kabel
o porta-malas	u pòrta malaß	Kofferraum
o radiador	u hadshiador	Kühler
a embreagem	a ïbriashẽĩ	Kupplung
a estrada, a rodovia	a ißtrada, a hodowia	Landstraße
a direção	a dshireßãũ	Lenkrad
o dínamo	u dshinamu	Lichtmaschine
o mecânico	u mekaniku	Mechaniker
o motor	u motor	Motor
o capô	u kapo	Motorhaube
o óleo	u òliu	Öl
a roda	a hòda	Rad

Unterwegs

o pneu	u pineu	Reifen
a borracharia	a bohascharia	Reifen-werkstatt
o conserto	u küßertu	Reparatur
o limpador de pára-brisas	u lipador dshi parabrisaß	Scheiben-wischer
o farol	u faròl	Scheinwerfer
o parafuso	u parafusu	Schraube
a chave de fenda	a schawi dshi fēda	Schrauben-zieher
o espelho	u ißpelju	Spiegel
o engarrafamento	u igahafamētu	Stau
o pedágio	u pedashiu	Straßenmaut
a corrente	a kohētschi	Strom; Kette
o posto de gasolina	u poßtu dshi gasolina	Tankstelle
o combustível	u kübußtschiweu	Treibstoff
a porta	a pòrta	Tür
o acidente	u aßidētschi	Unfall
a válvula	a wauwula	Ventil
o trânsito, o tráfego	u trãßitu, u trafegu	Verkehr
o seguro	u ßeguru	Versicherung
o macaco	u makaku	Wagenheber
a oficina	a ofißina	Werkstatt
as ferramentas	aß fehamētaß	Werkzeuge
o pára-brisas	u parabrisaß	Windschutz-scheibe
o acessório	u aßeßòriu	Zubehör
as velas	as wälaß	Zündkerzen
o cilindro	u ßilĩdru	Zylinder

wörtl. „Affe"

🖐 O carro quebrou. Onde está a oficina mais próxima?
u kahu kebro õūdshi išta a ofißina majß pròßima
das Auto (es-)brach wo (sie-)ist die Werkstatt mehr nächste
Das Auto ist kaputt. Wo ist die nächste Werkstatt?

🖐 Quanto tempo vai demorar o conserto?
kuātu tēpu waj demorar u kūßertu
wie-viel Zeit (er-)geht dauern der Reparatur
Wie lange dauert die Reparatur?

Quando fica pronto?
kuādu fika prõūtu
wann (es-)bleibt fertig
Wann wird es fertig?

🖐 Quanto vai custar o conserto?
kuātu waj kußtar u kūßertu
wie-viel (er-)geht kosten der Reparatur
Wie viel kostet die Reparatur?

Como chego até a estrada secundária para Curitiba?
komu schegu atā a ißtrada ßekūdaria pra kuritschiba
wie (ich-)ankomme bis die Straße zweitrangig für Curitiba
Wie komme ich zur Nebenstrecke nach Curitiba?

Laut brasilianischem Straßenverkehrsamt (DETRAN) darf ein Ausländer 180 Tage mit dem Führerschein seines Landes fahren. Erst danach benötigt er eine amtlich beglaubigte Übersetzung. In ländlichen Gegenden kann es passieren, dass bei einer Verkehrskontrolle diese Übersetzung verlangt wird, um ein gutes Trinkgeld zu erpressen. Um solchen Situationen vorzubeugen, ist es ratsam, eine Kopie dieser Bestimmung auszudrucken und mitzuführen. Man findet sie online unter: **www.detran.sc.gov.br/index.php/habilitacao/habilitados-no-exterior**

In der Nacht fahren viele bei Rot über die Kreuzungen, vor allem in den großen Metropolen. (Das hat auch etwas mit der Gefahr von Raubüberfällen bei Ampelstopps zu tun.) Also, höllisch aufpassen, auch wenn Sie Grün haben!

Seit Anfang 2008 gilt in Brasilien ein absolutes Alkoholverbot für Autofahrer. Alkoholkontrollen sind zwar selten, aber zum Überleben brauchen Sie sowieso einen klaren Kopf.

Um in der Großstadt zu parken, kaufen Sie sich bei einer Politesse einen talão de estacionamento talãu dshi ißtaßionam̲e̲tu (am besten gleich ein Zehnerheft), auf den Sie das Datum und die Uhrzeit selbst aufschreiben und ihn an den Innenspiegel hängen.

Proibido / permitido estacionar!	proibi̲du / permitschi̲du ißtaßionar̲	Parken verboten / erlaubt!
Cuidado!	kujda̲du	Vorsicht!
Perigo!	piri̲gu	Gefahr!
Ande devagar! *gehe(-er/-sie) langsam*	a̲dshi dshiwag̲ar	Langsam fahren!
Proibido fumar!	proibi̲du fum̲ar	Rauchen verboten!

Was den Treibstoff angeht, sind die meisten PKW in Brasilien heute „Flex", d. h. sie können mit Benzin oder Alkohol fahren. Letzteres ist billiger, hat aber weniger Oktan als Benzin. Bei einer Fahrt von 100 km sind die Kosten nahezu gleich. Der einzige Vorteil: Falls Sie einen Leihwagen mit vollem Tank zurückgeben müssen, können Sie sich mit Alkohol einige Euros sparen.

Es gibt kaum Berichte über Explosionen bei Frontalzusammenstößen.

Vor allem Taxis haben nicht nur einen Flex-Motor, sondern fahren zusätzlich auch mit Erdgas. Also, nicht erstaunt sein, wenn der Fahrer am Flughafen Ihr Gepäck in einem Kofferraum mit einem riesigen Gasbehälter verstaut.

a gasolina comum	Normalbenzin
a gasol<u>i</u>na kom<u>ũ</u>	*(enthält 25 % Alkohol)*
a gasolina aditivada /	Normalbenzin mit
supra	Zusatzstoffen
a gasolina adshitiw<u>a</u>da / ß<u>u</u>pra	
o etanol / o álcool	Alkohol
u etan<u>o</u>u / <u>au</u>kou	
o GNV, o gás	Erdgas
u sheeniw<u>e</u>, u gaß	
o diesel	Diesel
u dsh<u>i</u>seu	

Um ein Auto zu mieten, wird in der Regel eine Kreditkarte verlangt. Barzahlungen werden oft abgelehnt. Als Sicherheitsmaßnahme wird die Unterschrift auf einem Blankoformular verlangt. Die Versicherungen decken nur einen Teil der Kosten bei Totalschaden oder Diebstahl. Deshalb nachfragen und eine Vollkaskoversicherung abschließen.

O seguro cobre o roubo do carro?
u ßeguru kòbri u hobu du kahu
der Versicherung deckt der Diebstahl von-der Wagen
Deckt die Versicherung den Diebstahl des Wagens?

Quero um seguro completo. Quanto custa por dia?
käru ũ ßeguru küplätu kuãtu kußta pur dshia
(ich-)will ein Versicherung komplett.
wie-viel (er-)kostet durch Tag
Ich möchte eine Vollkaskoversicherung. Wie viel kostet das pro Tag?

auf dem Land

Nun sind Sie mobil genug, um auch die ländlichen Regionen Brasiliens ohne großen Aufwand besuchen zu können.

Fauna		
o burro	u buhu	Esel
o peixe	u peschi	Fisch
a galinha	a galĩnja	Huhn
a vaca	a waka	Kuh
o cavalo	u kawalu	Pferd
a ovelha	a owelja	Schaf
o porco	u porku	Schwein

o boi	u boj	Stier
o animal	u animau	Tier
o peru	u piru	Truthahn
o pássaro	u paßaru	Vogel
(passarinho)	(paßarĩnju)	
a cabra	a kabra	Ziege

Flora		
a árvore	a arwori	Baum
a folha	a folja	Blatt
a flor	a flor	Blume
o mato	u matu	Busch *(Wildnis)*
a grama	a grama	Gras
o gramado	u gramadu	Rasen
o tronco	u trõũku	Stamm
o arbusto	u arbußtu	Strauch
a floresta,	a floräßta,	Wald
a mata	a mata	

Gewässer		
o riacho	u hiaschu	Bach
o rio	u hiu	Fluss
a lagoa	a lagoa	kleiner See, Altwasserarm
o lago	u lagu	See
a correnteza	a kohẽtesa	Strömung
a margem	a marshẽĩ	Ufer
a água	a agua	Wasser
a cachoeira	a kaschuera	Wasserfall

Wetter		
nublado	nubl<u>a</u>du	bedeckt
o céu	u ß<u>ä</u>u	Blatt
a chuva	a sch<u>u</u>wa	Regen
a tempestade	a tĕĭpeßt<u>a</u>dshi	Sturm, Gewitter
o vento	u w<u>ĕ</u>tu	Wind
a nuvem	a n<u>u</u>wĕĭ	Wolke

Landschaften		
a montanha	a mõũt<u>ã</u>nja,	Berg
o monte	u mõũtschi	
a rocha	a h<u>ò</u>scha	Felsen
o cerrado	u ßeh<u>a</u>du	Feuchtsavanne
a serra	a ß<u>ä</u>ha	Gebirge
o planalto	u plan<u>a</u>utu	Hochebene
o morro	u m<u>o</u>hu	Hügel
o litoral	u litor<u>a</u>u	Küste
o paisagem	u pajs<u>a</u>shĕĭ	Landschaft
o mangue	u m<u>ã</u>gi	Mangrove
o barranco	u bah<u>ã</u>ku	Steilhang
o vale	u w<u>a</u>li	Tal
a planície	a plan<u>i</u>ßii	Tiefebene
a caatinga	a kaatsch<u>ĩ</u>ga	Trockensavanne
o sertão	u ßert<u>ãũ</u>	Savanne des Nordostens

Der sehr trockene, teilweise halbwüstenartige sertão ist eine sehr arme Region. Die caatinga ist dort eine typische Landschaftsform.

Landwirtschaft		
o solo	u ßòlu	Boden
a terra	a täha	Erde
o campo	u kãpu	Feld, Land
a fazenda	a faßēda	(große) Farm
o sítio	u ßitschiu	(kleine) Farm
a chácara	a schakara	Kleinbauernhof
o camponês	u kãponeß	Landarbeiter
o agricultor	u agrikuutor	Landwirt
a plantação	a plätaßãū	Plantage, Anpflanzung

im Sinne von „auf dem Land", auch das „Landesinnere"

Aktivitäten		
descer	deßer	hinabsteigen
a descida	a deßida	Abstieg
pescar	peßkar	angeln, fischen
a subida	a ßubida	Aufstieg
caminhar	kamĩnjar	zu Fuß gehen
nadar	nadar	schwimmen
passear	paßiar	spazieren

Die entwickelten Regionen Brasiliens liegen im Süden und Südosten, die unterentwickelten im Norden und Nordosten.

Himmelsrichtungen		
o norte	u nòrtschi	Norden
o nordeste	u nordäßtschi	Nordosten
o leste	u läßtschi	Osten
o sul	u ßuu	Süden
o sudeste	u ßudäßtschi	Südosten
o oeste	u oäßtschi	Westen

Piranhas sind nicht immer gefährlich. Schauen Sie aber erst, wie es anderen Badenden ergeht. Viel problematischer sind aber Dreck und Krankheitserreger.

🎵 **Posso tomar banho neste rio?**
pòßu tomar bãnju neßtschi hiu
(ich-)kann nehmen Bad in-dieser Fluss
Kann ich in diesem Fluss baden?

Wenn Sie tief ins Landesinnere gehen, sollten Sie sich ein Moskitonetz (mosquiteiro moßkitejru) und eine Hängematte (rede hedshi) besorgen. Man muss quer darauf schlafen, sonst schmerzt der Rücken gewaltig. In alten Hütten lebt in den Mauerritzen zuweilen wanzenartiges Ungeziefer, der bis zu zwei Zentimetern lange berüchtigte barbeiro barbejru („Friseur"). Durch seinen Stich wird die sehr unangenehme Chagas-Krankheit übertragen.

am Strand

Nicht selten sieht man europäische Frauen, die sich an einem brasilianischen Strand „oben ohne" sonnen. Dies gilt als unsittlich und könnte unerwünschte Reaktionen hervorrufen. Keine Einwände gibt es jedoch gegen die sehr knappen, geradezu landestypischen Tangas (fio dental fiu dēītau „Zahnseide"), auch wenn da ebenfalls nicht viel Stoff zu sehen ist. Ein weiteres typisches Accessoire (nicht nur) am Strand sind die Flipflops (Strandlatschen) Havaianas awajanaß.

Im Bereich größerer Städte sind die Strände meistens verschmutzt, weil viele Haushalte das Abwasser illegal ins Regenwassernetz einleiten. Nach starken Regenfällen ist die Verschmutzung am größten, was zur Gefahr einer Infektion mit Kolibakterien führen kann.

🗩 **Como chegar na praia?**
komu schegar na praja
wie ankommen in-die Strand
Wo geht es zum Strand?

🗩 **Qual é a melhor praia?**
kuau ä a meljòr praja
welche ist die beste Strand
Welches ist der beste Strand?

🗩 **A chuva está muito forte.**
a schuwa ißta müïtu fòrtschi
die Regen (sie-)ist sehr stark
Es regnet sehr stark.

🗩 **O sol está muito forte.**
u ßòu ißta müïtu fòrtschi
der Sonne (er-)ist sehr stark
Es ist sehr heiß.

Natur		
a ressaca	a heßaka	Brandung
a maré baixa	a marä bajscha	Ebbe
raso	hasu	flach, seicht
a maré alta	a marä auta	Flut
a ilha	a ilja	Insel
o mar	u mar	Meer
a lua	a lua	Mond
o recife	u heßifi	Riff
a areia	a areja	Sand
o sol	u ßòu	Sonne
o nascer-do-sol	u naßer du ßòu	Sonnenaufgang
o pôr-do-sol	u por du ßòu	Sonnenunter-gang
a praia	a praja	Strand
a correnteza	a kohẽtesa	Strömung
fundo	fũdu	tief
a profundidade		Tiefe
	a profũdidadshi	
a lua cheia	a lua scheja	Vollmond
a água	a agua	Wasser
a onda	a õüda	Welle

bedeutet auch „Kater (vom Trinken)"

Meereslebewesen		
a alga	a auga	Alge
a ostra	a oßtra	Auster
o peixe	u peschi	Fisch
o camarão	u kamarãũ	Garnele
os corais	uß korajß	Korallen
o caranguejo	u karãgeshu	Krabbe
a lagosta	a lagoßta	Languste
o mexilhão	u meschiljãũ	Miesmuschel
a concha	a kõũscha	Muschel(schale)
o ouriço-do-mar	u orißu du mar	Seeigel
a tartaruga	a tartaruga	Schildkröte

Im Nordosten nennt man die Miesmuschel sururu *ßururu.*

Badezubehör		
o maiô	u majo	Badeanzug
a toalha de banho	a tualja dshi bãnju	Badehandtuch
a sunga, o calção de banho	a ßũga, u kaußãũ dshi bãnju	Badehose *(für den Mann)*
o biquíni	u bikini	Bikini
o chinelo	u schinälu	Flipflop
a toalha de rosto	a tualja dshi hoßtu	Handtuch
o chapéu	u schapäu	Hut
a boina	a bojna	Mütze
a sombra	a ßõũbra	Schatten
o snorkel	u ißnòrkeu	Schnorchel
a piscina	a pißina	Schwimmbad

os óculos do sol	us òkuluß du ßòu	Sonnenbrille
o guarda-sol	u guardaßòu	Sonnenschirm
o protetor solar	u protetor ßolar	Sonnenschutz-creme
a prancha de surfe	a präscha dshi ßurfi	Surfbrett

Aktivitäten		
bronzear-se	brõũsiarßi	sich bräunen
refrescar-se	hefreßkarßi	sich erfrischen
paquerar	pakerar	flirten
nadar	nadar	schwimmen
surfar	ßurfar	surfen
mergulhar	merguljar	tauchen

© Embratur

🎵 **Preciso de água.**
preßissu dshi agua
(ich-)brauche von Wasser
Ich brauche Wasser.

🎵 **É perigoso nadar aqui?**
ä pirigosu nadar aki
(es-)ist gefährlich schwimmen hier
Ist es gefährlich, hier zu schwimmen?

Diese Frage ist in der brasilianischen Umgangssprache formuliert.

🎵 **Tem muito ouriço-do-mar nos recifes / nas pedras.**
tẽĩ mũĩtu orißu du mar nus heßifiß / naß pädraß
(es-)hat viel Seeigel in-die Riffs / an-die Steine
Es gibt viele Seeigel in den Riffs / auf den Steinen.

🎵 **Aqui é bom para mergulhar?**
aki ä bõũ pra merguljar
hier (es-)ist gut für tauchen
Kann man hier gut tauchen?

🎵 **As ondas são perigosas?**
as õũdaß ßãũ pirigòsaß
die Wellen (sie-)sind gefährliche
Sind die Wellen gefährlich?

🎵 **As correntes são fortes.**
aß kohẽtschiß ßãũ fòrtschiß
die Ströme sind starke
Die Strömung ist stark.

🎵 **A maré está subindo / descendo.**
a marä ißta ßubĩdu / deßẽdu
die Tide (sie-)ist steigend / sinkend
Es ist Flut / Ebbe.

Amazonas

Es dürfte hinlänglich bekannt sein, dass die Stechmücke, durch die die Malaria übertragen wird, im Amazonas-Gebiet weit verbreitet ist. Diese Moskitos heißen im Nordosten muriçoca murißòka, im Süden dagegen pernilongo pernilõũgu oder einfach mosquito moßkitu. Nicht ganz so bekannt, aber äußerst unangenehm ist die Kriebelmücke pium pjũ (im Süden borrachudo bohaschudu), die in gewissen Gegenden tief im Amazonasbecken eine verbreitete Landplage ist.

Die malária mala̲ria *wird auch* maleita male̲jta, paludismo paludshi̲smu *oder* sezão ßesa̲ũ *genannt und oft nur als eine schwere Grippe angesehen. Es gibt aber noch viele andere Tropenkrankenheiten.*

igarapé igarapä̲	natürlicher Flusskanal, Nebenfluss
várzea wa̲rsia	Überschwemmungsebene der Süßwasserflüsse
igapó igapò̲	Vegetation der várzea
mata de terra firme ma̲ta dshi tä̲ha fi̲rmi	Wald oberhalb der várzea
picada pika̲da	Dschungelpfad; Insektenstich *bzw.* Schlangenbiss
enchente ĩsché̲tschi	Überschwemmung
igarité igaritä̲	kleines Boot (1 bis 2 Tonnen)
gaiola gajò̲la	Passagierschiff *(Käfig)*
pororoca pororò̲ka	Zusammenstoß des Flusswassers mit der Meeresflut

Amazonas

Säugetiere		
o tamanduá	u tamãdua	Ameisenbär
o bicho-preguiça	u bischu prigißa	Faultier
o tatu	u tatu	Gürteltier
a onça pintada	a õüßa pĩtada	Jaguar
o gambá	u gãba	Opossum
a onça parda	a õüßa parda	Puma
o mamífero	u mamiferu	Säugetier
a anta	a ãta	Tapir
a capivara	a kapiwara	Wasserschwein

Vögel		
a arara	a arara	Ara
o urubu	u urubu	Geier
o beija-flor	u bejschaflor	Kolibri
o ninho	u nĩnju	Nest
o papagaio	u papagaju	Papagei
a onça parda	a õüßa parda	Puma
a ave	a awi	Vogel
o pássaro	u paßaru	(kleiner) Vogel

Reptilien & Amphibien		
o jacaré	u shakarä	Alligator
a sucuri	a ßukuri	Anakonda
a jiboia	a shibòja	Boa
a rã	a hã	Frosch
o iguana	u iguana	Leguan
o réptil	u häptiu	Region
a cobra	a kòbra	Schlange

Insekten usw.		
a formiga	a furmiga	Ameise
o formigueiro	u furmigejru	Ameisennest
a abelha	a abelja	Boa
o inseto	u ïßätu	Insekt
a barata	a barata	Kakerlake
a mariposa	a mariposa	Motte
a borboleta	a borboleta	Schmetterling
o escorpião	u ißkorpiãü	Skorpion
a aranha	a arãnja	Spinne
a teia de aranha	a teja dshi arãnja	
o cupim	u kupï	Termite
a vespa	a weßpa	Wespe

Umwelt

Auch in Brasilien steigt mittlerweile das Bewusstsein für eine saubere Umwelt.

o lixo,	u lischu	Abfall, Müll
o resíduo	u hesiduu	
a lixeira	a lischejra	Abfalleimer
o efluente	u efluetschi	Abwasser
o esgoto	u isgotu	Abwasserrohr
o incêndio	u ïßedshiu	Brand
a queimada	a kejmada	Brandrodung
o aterro	u atehu	Deponie
o lixão	u lischãü	wilde Deponie

Krank sein

as energias renováveis	as enershiaß henowawejß	erneuerbare Energien
o fogo	u fogu	Feuer
o fedor, o mau cheiro	u fedor, u mau schejru	Gestank
o barulho	u barulju	Lärm, Krach
o catador	u katador	Müllsammler
a ecologia	a ekoloshia	Ökologie
a reciclagem	a heßiklasheï	Recycling
o contaminante	u kütaminatschi	Schadstoff
a proteção	a proteßãũ	Schutz
a reserva	a hesärwa	Schutzgebiet
a energia solar	a enershia ßolar	Sonnenenergie
o meio-ambiente	u meju ãbietschi	Umwelt
a poluição, a contaminação	a poluißãũ a kütaminaßãũ	Verschmutzung
a energia eólica	a enershia eòlika	Windenergie

© Local Foto@SETURCE

Unterkunft

Eine besonders kostengünstige Übernachtungsmöglichkeit ist zunächst einmal das (freie) Zelten. Man kann dies im Prinzip an den meisten Stränden praktizieren. Zelten Sie aber nicht in der Wildnis oder der totalen Einsamkeit. Die größte Gefahr droht Ihnen dort von Menschen, denen es nicht so gut geht wie Ihnen.

Mit einem Smartphone können Sie sich die mit einem ♪ gekennzeichneten Sätze dieses Kapitels anhören.

Unangenehm können bei Strandübernachtungen auch Stechmücken, vor allem aber die winzigen maruins maruĩß (Gnitzen) und borrachudos bohasch̲u̲duß (Kriebelmücken) werden, deren Stiche tagelang schmerzende Quaddeln hervorrufen. Sie stechen meist nach 16 Uhr nachmittags. Nehmen Sie unbedingt kortisonhaltige Insektenstich-Gels sowie gegen die Stechmücken ein Repellent mit.

Informationen für Rucksackreisende (mochileiros muschil̲e̲jruß) finden sie im Netz unter **www.mochileiros.com.**

Camping		
acampar	akãp̲a̲r	zelten
o acampamento		Campingplatz
	u akãpam̲e̲tu	
a tenda,	a t̲e̲da	Zelt
a barraca	a ba̲h̲aka	
o mosquiteiro	u moßkit̲e̲jru	Moskitonetz

Unterkunft

Falls Sie den Straßennamen und die Hausnummer Ihrer potenziellen Unterkunft kennen, nutzen Sie doch Websites wie **showmystreet.com,** *um schon einmal von zu Hause aus Hotel und Umgebung in Ruhe anzuschauen und sicherzustellen, dass es sich nicht um eine Bruchbude handelt.*

Bewahren Sie Wertsachen prinzipiell im Safe des Hotels auf oder deponieren Sie sie zumindest an der Rezeption.

In vielen Hotels sind die Internettarife – pro Stunde oder Tag – sehr teuer. Im Kapitel „Internet" finden Sie Tipps, was man dagegen tun kann.

In Brasilien gibt es natürlich ungezählte Unterkünfte mit einem festen Dach über dem Kopf. Sie finden Hotelangebote auf vielen Websites wie z. B. **www.reservehotelonline.com.br** und **www.aluguetemporada.com.br** (Ferienhäuser). Letztere sind in der Regel viel günstiger als Hotels.

Hotel & Ferienhaus		
depositar	depositar	aufbewahren
o elevador	u eliwador	Aufzug
o pagamento à vista	u pagamẽtu a wißta	Barzahlung
a casa por temporada	a kasa pur tẽiporada	Ferienhaus
o apartamento por temporada	u apartamẽtu pur tẽiporada	Ferienwohnung
a garagem	a garashẽi	Garage
o hóspede	u oßpedshi	Gast
o hotel	u otäu	Hotel
a informação	a ĩformaßãũ	Information
o albergue da juventude	u aubärgi da shuwẽĩtudshi	Jugendherberge
a caução	a kaußãũ	Kaution
o gerente	u sherẽtschi	Manager
o aluguel	u alugäu	Miete
alugar	alugar	mieten
o contrato de locação	u kũtratu dshi lokaßãũ	Mietvertrag
a permanência mínima	a permanẽßia mínima	Mindestaufenthalt

a pensão,	a pëïßãū,	Pension
a pousada	a posada	
o preço	u preßu	Preis
a recepção	a heßepßãū	Rezeption
o / a recepcionista		Rezeptionist(in)
	u / a heßepßionißta	
o cofre	u kòfri	Safe
a chave	a schawi	Schlüssel
a segurança	a ßegurãßa	Sicherheit
a diária	a dshiaria	Tagessatz
o pernoite	u pernojtschi	Übernachtung
a lavanderia	a lawäderia	Wäscherei
o quarto	u kuartu	Zimmer
a arrumadeira	a ahumadejra	Zimmer-mädchen

Achtung: ein motel *ist in Brasilien immer ein Stundenhotel für sexuelle Zwecke.*

Bett		
a cama	a kama	Bett
o cobertor	u kobertor	Bettdecke
o lençol	u lëßòu	Bettlaken
a roupa de cama	a hopa dshi kama	Bettwäsche
a cama de casal	a kama dshi kasau	Ehebett
a rede	a hedshi	Hängematte
o travesseiro	u traweßejru	Kopfkissen
a fronha	a frõnja	Kopfkissen-bezug
o colchão	u kouschãū	Matratze
o mosquiteiro	u moßkitejru	Moskitonetz

Badezimmer		
o banheiro	u bănjejru	Bad, Toilette
o chuveiro	u schuwejru	Dusche
a toalha de (de mão)	a tualja (dshi mãŭ)	Handtuch
o sabão	u ßabãŭ	Kernseife
o sabonete	u ßabonetschi	Seife *(bessere)*
o espelho	u ißpelju	Spiegel
o papel higiênico	u papăŭ ishieniku	Toilettenpapier
a pia	a pia	Waschbecken
a água fria	a agua fria	kaltes Wasser
a água quente	a agua kĕtschi	warmes Wasser
a torneira	a tornejra	Wasserhahn
a escova de dente	u ißkowa dshi dĕtschi	Zahnbürste
a pasta de dente	a paßta dshi dĕtschi	Zahnpasta

ocupado
okupadu
besetzt

livre
liwri
frei

🎵 **Eu procuro um hotel barato.**
eu prokuru um otăŭ baratu
ich (ich-)suche ein Hotel billig
Ich suche ein billiges Hotel.

Tem quartos livres?
tẽĩ kuartuß liwriß
(es-)hat Zimmer freie
Haben Sie freie Zimmer?

🎵 **Quanto custa por noite?**
kuatu kußta pur nojtschi
wie-viel (es-)kostet durch Nacht
Wie viel kostet es pro Nacht?

🎵 **Quanto é a diária?**
kuatu ä a dshiaria
wie-viel (sie-)ist die Tagessatz
Wie hoch ist der Tagessatz?

♪ Posso ver o quarto?
pòßu wer u kuartu
(ich-)kann sehen der Zimmer
Kann ich das Zimmer sehen?

♪ Quero uma cama de casal.
käru uma kama dshi kasau
(ich-)will eine Bett von Ehepaar
Ich möchte ein Doppelbett.

♪ Só tem cama de solteiro.
ßò tēī kama dshi ßoutejru
nur (es-)hat Bett von ledig
Es gibt nur Einzelbetten.

♪ Eu viajo sozinho.
eu wiashu ßosīnju
ich (ich-)reise alleine
Ich reise alleine.

♪ Nós somos quatro pessoas.
nòß ßomuß kuatru peßoaß
wir (wir-)sind vier Personen
Wir sind vier Personen.

♪ Tem apartamento com cinco camas?
tēī apartamētu kū ßīku kamaß
(es-)hat Wohnung mit fünf Betten
Haben Sie ein Zimmer mit fünf Betten?

♪ Gostaria de ver um outro apartamento.
goßtaria dshi wer um otru apartamētu
(ich-)würde-mögen von sehen ein anderer Wohnung
Ich möchte ein anderes Zimmer sehen.

♪ Quero um apartamento com vista para o mar.
käru um apartamētu kū wißta pra u mar
(ich-)will ein Wohnung mit Blick für der Meer
Ich möchte ein Zimmer mit Blick auf das Meer.

Unterkunft

O café da manhã está incluído no preço?
u kafá da mãnjá ißta íkluidu nu preßu
der Kaffee von-die Morgen (er-)ist inbegriffen in-dem Preis
Ist das Frühstück im Preis inbegriffen?

Tem ar condicionado / ventilador / televisão / frigobar?
tẽi ar kũdshißionadu / wẽitschilador / telewisãũ / frigobar
(es-)hat Luft konditioniert / Ventilator / Fernsehen / Minikühlschrank
Gibt es Klimaanlage / Ventilator / Fernsehen / Minikühlschrank?

Qual é o número do meu quarto?
kuau ä u numeru du meu kuartu
welcher (er-)ist der Nummer von-der mein Zimmer
Welche Nummer hat mein Zimmer?

Tem cofre no hotel?
tẽi kòfri nu otäu
(es-)hat Safe in-der Hotel
Gibt es einen Safe im Hotel?

Quanto tempo vai ficar?
kuãtu tẽpu waj fikar
wie-viel Zeit (er-/sie)geht bleiben
Wie lange bleiben Sie?

Vou ficar seis dias na pousada.
wo fikar sejß dshiaß na posada
(ich-)gehe bleiben sechs Tage in-die Pension
Ich werde sechs Tage in der Pension bleiben.

Vou sair amanhã do hotel.
wo ßair amãnjá du otäu
(ich-)gehe weggehen morgen von-der Hotel
Ich werde morgen abreisen.

Quanto tenho que pagar?
kuãtu tẽnju ki pagar
wie-viel (ich-)habe dass zahlen
Wie viel muss ich zahlen?

🎵 **Aceita cartão de crédito?**
aßejta kartãũ dshi krädshitu
(er-/sie-)annimmt Karte von Kredit
Akzeptieren Sie Kreditkarten?

In besseren Hotels sollte man die Telefonrechnung sorgfältig prüfen. Bei Auslandsgesprächen, z. B. nach Deutschland, werden schon ab dem dritten oder vierten Rufzeichen Gebühren kassiert, auch wenn kein Gespräch zustande gekommen ist. Das kann dann ganz schön teuer werden, erst recht wenn man überhaupt nicht telefoniert hat.

im Fall einer Beschwerde

🎵 **Preciso de uma toalha de banho.**
preßisu dshi uma tualja dshi bãnju
(ich-)brauche von eine Handtuch von Bad
Ich brauche ein Badehandtuch.

🎵 **Eu quero mais um travesseiro / um cobertor.**
eu käru majß ũ traweßejru / ũ kobertor
ich (ich-)will mehr ein Kopfkissen / ein Decke
Ich möchte noch ein Kopfkissen / eine Decke.

🎵 **O ventilador está quebrado.**
u wẽitschilador ißta kebradu
der Ventilator (er-)ist kaputt
Der Ventilator ist kaputt.

🎵 **O chuveiro não funciona.**
u schuwejru nãũ füßjona
der Dusche nicht (er-)funktioniert
Die Dusche funktioniert nicht.

Unterkunft

⚘ O ar condicionado faz muito barulho.
u ar küdshion<u>a</u>du faß m<u>ũĩ</u>tu bar<u>u</u>lju
der Luft konditioniert (er-)macht viel Lärm
Die Klimaanlage ist sehr laut.

⚘ O meu quarto tem muitas baratas.
u m<u>e</u>u ku<u>a</u>rtu t<u>ẽĩ</u> m<u>ũĩ</u>taß bar<u>a</u>taß
der mein Zimmer (er-)hat viele Kakerlaken
In meinem Zimmer sind viele Kakerlaken.

⚘ Tem um quarto mais silencioso?
t<u>ẽĩ</u> ũ ku<u>a</u>rtu majß ßilẽ<u>ß</u>i<u>o</u>su
(es-)hat ein Zimmer mehr leise
Haben Sie ein ruhigeres Zimmer?

⚘ A conta está errada.
a k<u>õũ</u>ta iß<u>ta</u> eh<u>a</u>da
die Rechnung (sie-)ist falsch
Die Rechnung ist falsch.

Ausstattung eines Hauses

o balcão	u bauk<u>ãũ</u>	Balkon
a vassoura	a waß<u>o</u>ra	Besen
o ferro de passar	u f<u>ä</u>hu dshi paß<u>a</u>r	Bügeleisen
o teto	u t<u>ä</u>tu	Decke, Dach
o balde	u b<u>a</u>udshi	Eimer
a janela	a shan<u>ä</u>la	Fenster
o televisor	u telewis<u>o</u>r	Fernseher
o jardim	u shardsh<u>ĩ</u>	Garten
o quintal	u k<u>ĩ</u>tau	Hinterhof

o pátio	u patschiu	Innenhof
o guarda-roupa	u guardahopa	Kleiderschrank
a cozinha	a kosīnja	Küche
a lâmpada	a lāpada	Lampe
a luz	a luß	Licht, Strom
o muro	u muru	Mauer
o criado-mudo	u kriadu mudu	Nachttisch
o armário	u armariu	Schrank
a cadeira	a kadejra	Stuhl
o terraço	u tehaßu	Terrasse
a mesa	a mesa	Tisch
a escada	a ißkada	Treppe
a porta	a pòrta	Tür
a parede	a paredshi	Wand
a sala	a ßala	Wohnzimmer
a cerca	a ßerka	Zaun

in der Küche

a louça	a loßa	Geschirr
a churrasqueira		Grill
	a schuhaßkejra	
o fogão	u fogāū	Herd
a cafeteira	a kafetejra	Kaffeemaschine
a geladeira	a sheladejra	Kühlschrank
o liquidificador	u likidshifikador	Mixer
a frigideira	a frishidejra	Pfanne
a pia	a pia	Spülbecken
a panela	a panäla	Topf
a máquina de lavar	a makina dshi lawar	Waschmaschine

Zu Gast sein

Mit einem Smartphone können Sie sich die mit einem 🎵 gekennzeichneten Sätze dieses Kapitels anhören.

Bei einer Einladung zu einem privaten Abendessen ist es zwar nicht üblich, Gastgeschenke mitzubringen, sie werden aber dennoch gerne gesehen. Geld als Gegenleistung für Essen und Wohnen zu geben, gilt als eine Beleidigung.

Auch die Ärmsten sind bereit, dem Gast das letzte Brot zu geben. Unangemessene Geschenke kann man mit Ausreden abweisen.

Bei Einladungen in ein Restaurant übernimmt meist der Einladende alle Kosten. In den größeren Städten sind geteilte Rechnungen schon eher üblich, aber auch noch nicht die Regel.

🎵 **Sou o Fritz da Alemanha.**
ßo u fritß(i) da alem**a**nja
(ich-)bin der Fritz von-die Deutschland
Ich bin Fritz aus Deutschland.

🎵 **Muito prazer. Me chamo João.**
mũĩtu pras**e**r mi sch**a**mu schu**aũ**
viel Vergnügen mich (ich-)nenne João
Sehr angenehm. Ich heiße João (Johannes).

🎵 **Muito obrigado / obrigada pelo convite.**
mũĩtu obrig**a**du / obrig**a**da p**e**lu küw**i**tschi
viel dankbar(m/w) für-der Einladung
Vielen Dank für die Einladung.

🔊 **Eu pago a conta.**
eu pagu a kõũta
ich (ich-)zahle die Rechnung
Ich übernehme die Rechnung.

🔊 **Vamos dividir a conta.**
wamuß dshiwidir a kõũta
(wir-)werden teilen die Rechnung
Wir werden die Rechnung teilen.

🔊 **Você é meu convidado / minha convidada.**
woße ä meu küwidadu / mĩnja küwidada
du (er-/sie-)ist mein Eingeladener / meine Eingelad.
Du bist / Sie sind mein Gast.

🔊 **Posso ficar na sua casa?**
pòßu fikar na ßua kasa
(ich-)kann bleiben in sein Haus
Kann ich bei Ihnen / dir bleiben?

🔊 **Este convite vale para você e seu acompanhante.**
eßtschi küwitschi wali pra woße i ßeu akũpãnjätschi
dieser Einladung (er-)gilt für du und sein Begleiter
Diese Einladung gilt für dich und deinen Begleiter.

bebê, nenê	bebe, nene	Baby
o irmão	u irmãũ	Bruder
o primo	u primu	Cousin
a prima	a prima	Cousine
o convite	u küwitschi	Einladung
os pais	uß pajß	Eltern
o neto – a neta	u nätu – a näta	Enkel(in)
a família	a familia	Familie
o / a convidado / -a	küwidadu / -a	Gast *(m / w)* *(eingeladen)*

o anfitrião	u ãfitriã̪ũ̪	Gastgeber
a anfítriã	a ãfítriã̪	Gastgeberin
o presente	u presḛtschi	Geschenk
o /a caçula	u / a kaßula	Jüngste(r)
a mãe	a mãĩ	Mutter
o xará	u schara	Namensvetter
o tio – a tia	u tschi̪u – a tschia	Onkel – Tante
o avô – a avó	u awo – a awò	Opa – Oma
a irmã	a irmã̪	Schwester
o apelido	u apelidu	Spitzname
o pai	u paj	Vater

gängige Redensarten

𝟡 **Cavalo dado não se olha os dentes.**
kawalu dadu nãũ̪ ßi òlja uß dḛtschiß
Pferd gegeben nicht sich (es-)guckt die Zähne
Einem geschenkten Gaul schaut man nicht
ins Maul.

𝟡 **Visita na casa dos outros é como peixe:
depois de três dias fede.**
wisi̪ta na kasa dus otrus ä komu peschi
depojß dshi treß dshi̪aß fädshi
*Besuch in-die Haus von-die anderen (sie-)ist wie Fisch
danach von drei Tagen (er-)stinkt*
Besuch ist wie Fisch: Nach drei Tagen fängt
er an zu stinken.

𝟡 **Antes só do que mal acompanhado / -a.**
ãtß ßò du ki mau akũpãnja̪du / akũpãnja̪da
eher allein von-der dass schlecht begleitet(m/w)
Lieber allein als in schlechter Begleitung.

Essen & Trinken

Brasilien ist bekanntermaßen ein sehr sinnenfrohes Land, und so wundert es nicht, dass Speis und Trank eine große Rolle spielen und in einer fast unüberschaubaren Vielfalt bereit stehen. Im Rahmen dieses Buches kann nur ein grober Überblick gegeben werden. Ich wünsche bom apetite bõu apetschitschi!

In der Kauderwelsch-Reihe des Reise Know-How Verlags ist als Band 184 **Brasilianisch kulinarisch** *von Cristiane Langeloh Roos und Cristiane Muffang erschienen. Dieser Titel behandelt das Thema Essen und Trinken und die entsprechenden sprachlichen Formulierungen im Detail. Er öffnet Ihnen das Tor zu großen Gaumenfreuden in Brasilien.*

comer	comer	essen
a comida	a komida	Essen
frito	fritu	gebraten, frittiert
cozido	kosidu	gekocht
defumado	defumadu	geräuchert
o prato	u pratu	Gericht
assado	aßadu	geröstet
o garçom	u garßõũ	Kellner
a garçonete	u garßonätschi	Kellnerin
o cozinheiro	u kosĩnjejru	Koch
cozinhar	kosĩnjar	kochen
a refeição	a hefejßãũ	Mahlzeit
a conta	a kõũta	Rechnung
a receita	a heßejta	Rezept
o cardápio	u kardapiu	Speisekarte
pôr a mesa	por a mesa	Tisch decken
beber	beber	trinken
tomar	tomar	trinken, zu sich nehmen
a gorjeta	a gorsheta	Trinkgeld

Mahlzeiten

o jantar, a janta	u jätar, a jäta	Abendessen
jantar	jätar	zu Abend essen
o café da manhã	u kafä da mãnjä	Frühstück
a almoço	u aumoßu	Mittagessen
almoçar	aumoßar	zu Mittag essen
o lanche	u läschi	Zwischen- mahlzeit

Besteck u. ä.

o garfo	u garfu	Gabel
o copo	u kòpu	Glas
a colher	a kuljer	Löffel
a faca	a faka	Messer
o guardanapo	u guardanapu	Serviette
a bandeja	a bädesha	Tablett
a xícara	a schikara	Tasse
o prato	u pratu	Teller
o pires	u piriß	Untertasse
o palito de dente	u palitu dshi dẽtschi	Zahnstocher

Gänge

o tira-gosto	u tschira goßtu	Imbiss, Häppchen
a entrada	a ĩtrada	Vorspeise
a sopa	a ßopa	Suppe
o prato principal	u pratu prĩßipau	Hauptgericht
a sobremesa	a ßobrimesa	Nachtisch

wo man Essen bekommt		
a padaria	a padaria	Bäckerei
o bar	u bar	Bar; Imbissstube
o restaurante self-service	u heßtaurãtschi ßeufßãrwißi	Buffet, nach Gewicht bezahlt
a churrascaria	a schuhaßkaria	Grillrestaurant
a lanchonete	a läschonätschi	Imbissstube
a pastelaria	a paßtelaria	Pasteten-Imbiss
o restaurante	u heßtaurãtschi	Restaurant
o rodizio	u hodshisiu	Rodizio-Grill
o passaporte	u paßapòrtschi	Straßenstand

In Grillrestaurants mit dem Hinweis rodizio bezahlt man eine relativ geringe Pauschale und darf dafür unbegrenzt frisch gegrilltes Fleisch, Gemüse und Salat essen, oftmals zusätzlich noch asiatische Speisen wie Sushi oder Sashimi. Die Bedienung kommt unaufgefordert immer wieder mit verschiedenen Fleischpartien an den Tisch und lässt den Gast jedesmal ganz nach Wunsch auswählen.

Grillen		
mal passado	mau paßadu	angebraten
bem passado	bẽĩ paßadu	durchgebraten
a brasa	a brasa	Holzkohlenglut
o churrasco	u schuhaßku	Grill(party)
a grelha	a grelja	Grillrost
o carvão	u karwãũ	Kohle
no punto	nu pũtu	medium
o espeto	u ißpetu	Spieß

In den sehr beliebten restaurantes self-service *gibt es ein Buffet zur Selbstbedienung. Dann bezahlt man nach dem Gewicht des gefüllten Tellers. Bei einem* bufê bufe, *wie es sie in den besseren Hotels gibt, bezahlt man dagegen einen Pauschalpreis und hat freie Auswahl. Für Reisende mit wenig Geld gibt es zum einen das* restaurante sem balança ßẽĩ balãßa, *ein Restaurant mit Buffet zum Pauschalpreis („ohne Waage"), allerdings nur mit einer bescheidenen Auswahl, und zum anderen das* restaurante com prato feito (PF) kũ pratu fejtu, *wo man ein einheitliches Tagesgericht bekommt.*

Fleisch (a carne a karni)

o pato	u patu	Ente
o frango	u frãgu	Hähnchen
carne de vitela	karni dshi witäla	Kalbfleisch
a dobradinha	a dobradshĩnja	Kutteln (Pansen)
o fígado	u figadu	Leber
o lombo	u lõũbu	Lende, Filet
os rins	us hĩß	Nieren
carne de boi	karni dshi boj	Rindfleisch
a costela	a koßtäla	Rippe
carne de porco	karni dshi porku	Schweinefleisch
o bife	u bifi	Steak
o peru	u piru	Truthahn

Wurstwaren (os embutidos us ĩbutschiduß)

os frios	uß friuß	Aufschnitt
a mortadela	a mortadäla	Fleischwurst italienische Art
o presunto	u presũtu	Kochschinken
o salame	u ßalami	Salami
a linguiça	a lĩguißa	Wurst
a salsicha	a ßaußischa	Würstchen

Fisch (o peixe u peschi)

peixe de água doce peschi dshi agua doßi *Süßwasserfisch*	a truta	a truta	Forelle
	o cação	u kaßãũ	Hai
	o bacalhau	u bakaljau	Kabeljau
	a carpa	a karpa	Karpfen
peixe marinho peschi marĩnju *Meeresfisch*	o salmão	u ßaumãũ	Lachs
	a piranha	a pirãnja	Piranha
	o pacu	u paku	Sägesammler
	o linguado	u lĩguadu	Seezunge, Butt

Meeresfrüchte (os frutos do mar uß frutuß du mar)		
as ostras	as oßtraß	Austern
o camarão	u kamarãũ	Garnele, Shrimp
a lagostinha	a lagoßtschĩnja	große Garnele
o caranguejo,	u karãgeshu,	Krabbe
o siri	u ßiri	
a lagosta	a lagoßta	Languste
os mexilhões	us meschiljõĩß	Miesmuscheln
o polvo	u pouwu	Oktopus
a lula	a lula	Tintenfisch

Beilagen (o acompanhamento u akũpãnjamẽtu)		
o feijão	u feshãũ	Bohnen
as batatas	as batataß	Kartoffeln
o milho	u milju	Mais
a mandioca	a mãdshioka	Maniok
a farinha de mandioka	u farĩnja dshi mãdshioka	Maniokmehl
a farofa	a faròfa	geröstetes Maniokmehl
o macarrão	u makahãũ	Nudeln
batatinhas fritas	batatschĩnjaß fritaß	Pommes frites
o purê	u pure	Püree
o arroz	u ahoß	Reis

Gemüse (a verdura a werdura)		
a couve-flor	a kowi flor	Blumenkohl
as vagens	as washëíß	grüne Bohnen
o agrião	u agriãũ	Brunnenkresse
as ervilhas	as erwiljaß	Erbsen
o pepino	u pepinu	Gurke
a cenoura	a ßenora	Karotte
o repolho	u hepolju	Kohl
o alface	u aufaßi	Kopfsalat
o palmito	u paumitu	Palmherz
o pimentão	u pimëĩtãũ	Paprika
o espinafre	u ißpinafri	Spinat
a batata-doce	a batata doßi	Süßkartoffel
o tomate	u tomatschi	Tomate
a cebola	a ßebola	Zwiebel

Dagegen ist a salada a ßalada *der Salat als Zubereitung.*

Kräuter, Gewürze & sonstige Zutaten		
o manjericão,	u mãsherikãũ,	Basilikum
a alfavaca	a aufawaka	
a malagueta	a malageta	Chili
o vinagre	u winagri	Essig
o vinagrete	u winagretschi	Essigdressing
o condimento,	u küdshimẽtu,	Gewürz
o tempero	u tẽĩperu	(-zubereitung)
o cravo	u krawu	Gewürznelken
o alho	u alju	Knoblauch
o louro	u loru	Lorbeer
a maionese	a majonäsi	Mayonnaise
a nóz moscada	a nòß moßkada	Muskatnuss
as azeitonas	as asejtonaß	Olive
o azeite de oliva	u asejtschi dshi oliwa	Olivenöl
o orégano	u oräganu	Oregano

Vorsichtig hinsichtlich der Schärfe sollte man nur in Bahia sein. Dort bedeutet quente kẽtschi *(heiß) wirklich scharf, mit viel Chili. Aber auch mit dem dort üblichen Pamöl* dendê *sollte man vorsichtig sein, denn das können viele Europäer nur schlecht vertragen.*

o dendê	u dẽĩdẽ	Palmöl
a salsa	a ßaußa	Petersilie
a pimenta	a pimẽta	Pfeffer
o alecrim	u alekrĩ	Rosmarin
o sal	u ßau	Salz
a mostarda	a moßtarda	Senf
o molho	u molju	Soße
a canela	a kanäla	Zimt
o açúcar	u aßukar	Zucker

Obst (a fruta a fruta)		
o abacaxi	u abakaschi	Ananas
a maçã	a maßã	Apfel
o damasco	u damaßku	Aprikose
o abacate	u abakatschi	Avocado
a banana	a banana	Banane
a pera	a pera	Birne
o caju	u kashu	Cashew
o figo	u figu	Feige
a goiaba	a gojaba	Guave
o melão	u melãũ	Honigmelone
a cereja	a ßeresha	Kirsche
o coco	u koku	Kokosnuss
a tangerina	a tãsherina	Mandarine
a manga	a mãga	Mango
a laranja	a larãsha	Orange
o mamão	u mamãũ	Papaya
o pêssego	u peßegu	Pfirsich
a ameixa	a amejscha	Pflaume
a melancia	a melãßia	Wassermelone
as uvas	as uwaß	Weintrauben
o limão	u limãũ	Zitrone, Limone

Die Zahl der exotischen Früchte ist enorm, und eine bloße Auflistung hat wenig Sinn. Sie sollten aber so viele wie möglich probieren. Viele haben keinen deutschen Namen, wie z. B. pitanga pitãga, jabuticaba shabutschikaba *und* jambo shãbu.

zum Frühstück & Eiergerichte

o pão	u pãu	Brot
o pãozinho	u pãusĩnju	Brötchen (süß)
a manteiga	a mãteiga	Butter
o ovo	u owu	Ei
o iogurte	u jogurtschi	Joghurt
o café	u kafã	Kaffee
o queijo	u keshu	Käse
a margarina	a margarina	Margarine
o leite	u lejtschi	Milch
a granola	a granòla	Müsli
o omelete	u omelãtschi	Omelett
os ovos mexidos	us òwuß mischiduß	Rührei
o suco	u ßuku	Saft
o ovo frito	u owu fritu	Spiegelei
o chá	u scha	Tee

Gerichte & Spezialitäten

o acarajé	u akarashã	Bällchen aus Bohnenteig, in Palmöl frittiert (Bahia)
a bacalhoada	a bakaljuada	Kabeljaugericht (a. Portugal)
o bobó de camarão	u bobò dshi kamarãũ	Shrimps in Maniokpüree m. Kokosmilch (afrobrasilian.)
o bolinho	u bolĩnju	gefüllte Teigkrokette
o cachorro-quente	u kaschohu kẽtschi	Hot Dog (m. Würstchen)
o churrasquinho	u schuhaßkĩnju	Steak auf Brot (Sandwich)
a coxa de galinha	a koscha dshi galĩnja	Hühnerkeule bzw. Teigtasche mit Hühnchen
a empada	a ĩpada	gefüllte gebackene Pastete

o feijão com arroz	u fesh<u>ãũ</u> kũ ah<u>o</u>ß	Bohnen mit Reis *(Standard-gericht vieler Brasilianer)*
a feijoada (completa)	a feshu<u>a</u>da (küpl<u>ä</u>ta)	großer Bohneneintopf mit vielen Fleischzutaten *(Nationalgericht Brasiliens)*
o misto-quente	u mi<u>ß</u>tu k<u>ê</u>tschi	Toast mit Käse u. Schinken
a moqueca	a muk<u>ä</u>ka	Fisch-Meeresfrüchte-Eintopf
o pão de queijo	u p<u>ãũ</u> dshi k<u>e</u>shu	frittierter Maniok-Käse-Teig
o pastel	u paßt<u>äu</u>	gefüllte frittierte Pastete
o quibe	u k<u>i</u>bi	frittiertes Bällchen aus Weizengrütze, gefüllt *(arabischer Herkunft)*
o sanduiche	u ß<u>ã</u>du<u>i</u>schi	Sandwich
o vatapá	u watap<u>a</u>	Shrimps u. Huhn in Püree aus Brot, Erdnuss u. Palmöl *(Nordosten, v. a. Bahia)*
o virado de feijão	u wir<u>a</u>du dshi fesh<u>ãũ</u>	eingedicktes Bohnengericht *(São Paulo)*

Süßes		
o bolo	u b<u>o</u>lu	Kuchen
o chocolate	u schokol<u>a</u>tschi	Schokolade
a cocada	a kok<u>a</u>da	Kokos in Zucker
o doce (de frutas)	u d<u>o</u>ßi (dshi fr<u>u</u>taß)	Früchte in Sirup
a geléia	a shel<u>ä</u>ja	Konfitüre
a goiabada	a gojab<u>a</u>da	Guavengelee
a marmel<u>a</u>da	a marmel<u>a</u>da	Quittengelee
o mel	u m<u>äu</u>	Honig
o pé-de-moleque	u pä dshi mol<u>ä</u>ki	Erdnuss und Zucker

o pudim	u pudshī	Pudding
o quindim	u kīdshī	Eigelb, Kokos-nuss u. Zucker
o sorvete	u ßorwetschi	Speiseeis
a torta	a tòrta	Torte

Getränke (as bebidas as bebidaß)		
o café	u kafä	Kaffee
o cafezinho	u kafesīnju	Espresso
o cacau	u kakau	Kakao
o chimarrão	u schimahāū	Matetee, heiß
o chá	u scha	Tee
a guaraná	a guarana	Guaranágetränk
a limonada	a limonada	Limonade
a água mineral	agua minerau	Mineralwasser
a laranjada	a larāshada	Orangeade
o suco	u ßuku	Saft
a soda	a ßòda	süßer Sprudel
o caldo de cana	u kaudu dshi kana	Zuckerrohrsaft (wörtl. „Zucker-rohrbrühe")
o aperitivo	u aperitschiwu	Aperitif
a cerveja	a ßerwesha	Bier
o vinho tinto	u wīnju tītu	Rotwein
o vinho branco	u wīnju brāku	Weißwein
o aguardente	u aguardētschi	Schnaps
a batida	a batschida	Schnaps mit Fruchtsaft
a cachaça; a pinga	a kaschaßa; a pīga	Zuckerrohr-schnaps

Dieses Getränk wurde ursprünglich aus einer Amazonas-Pflanze hergestellt, ist aber heute ein süßer Soft Drink. Einige Lokale bieten noch immer das koffeinhaltige Originalgetränk an.

bêbado bebadu
betrunken

a ressaca a heßaka
Kater

⟐ Estou com muita / pouca fome. **⟐ Estou sem fome.**
ißto kũ mũ̃ita / poka fòmi   ißto ßẽ̃ĩ fòmi
(ich-)bin mit viel / wenig Hunger   *(ich-)bin ohne Hunger*
Ich habe großen / wenig Hunger. Ich habe keinen Hunger.

⟐ Estou morrendo de fome. **⟐ O prato dá para duas pessoas?**
ißto mohẽdu dshi fòmi   u pratu da pra duaß peßoaß
(ich-)bin sterbend von Hunger   *der Teller (er-)gibt für zwei Personen*
Ich sterbe vor Hunger.   Reicht das Gericht für zwei Personen?

⟐ Quero a sopa quente. **⟐ Este prato é delicioso.**
käru a ßopa kẽtschi   eßtschi pratu ä delißiosu
(ich-)will die Suppe heiß   *dieser Teller (er-)ist köstlich*
Ich möchte eine heiße Suppe.   Dieses Gericht ist köstlich.

⟐ Quero a carne bem passada.
käru a karni bẽĩ paßada
(ich-)will die Fleisch gut(Umst.) gebraten
Ich möchte das Fleisch gut durchgebraten.

⟐ Gosto do bife mal passado.
gòßtu du bifi mau paßadu
(ich-)mag von-der Steak schlecht(Umst.) gebraten
Ich möchte das Steak englisch.

⟐ Prefiro a carne no ponto.
prefiru a karni nu põũtu
(ich-)bevorzuge die Fleisch in-der Punkt
Ich möchte das Fleisch medium.

🎵 **Não gosto de comida fria.**
nãu gôßtu dshi komida fria
nicht (ich-)mag von Essen kalt
Ich mag kein kaltes Essen.

🎵 **Pode esquentar esta pizza?**
pòdshi ißkẽĩtar äßta pitßa
(er-)kann erhitzen diese Pizza
Können Sie diese Pizza warm machen?

🎵 **Este restaurante é bom.**
eßtschi heßtaurãtshi ä bõũ
dieser Restaurant (er-)ist gut
Dieses Restaurant ist gut.

🎵 **Aquele bar tem boa comida.**
akeli bar tẽĩ boa komida
jener Bar (er-)hat gute Essen
In jener Bar gibt es gutes Essen.

🎵 **Pode trazer o sal / a pimenta / o azeite / o vinagre / o limão?**
pòdshi traser u sau / a pimẽta / u asejtschi / u winagri / u limãũ
(er-)kann bringen der Salz / die Pfeffer / der Öl / der Essig / der Limone
Können Sie Salz / Pfeffer / Öl / Essig / Limone bringen?

🎵 **Quero uma laranjada natural, sem açúcar e sem gelo.**
käru uma larãshada naturau ßẽĩ aßukar i ßẽĩ shelu
(ich-)will eine Orangensaft natürlich ohne Zucker und ohne Eis
Ich möchte einen naturbelassenen Orangensaft,
ohne Zucker und ohne Eis.

🎵 **Quero um suco de mamão sem gelo e sem açúcar.**
käru ũ ßuku dshi mamãũ ßẽĩ shelu i ßẽĩ aßukar
(ich-)will ein Saft von Papaya ohne Eis und ohne Zucker
Ich möchte einen Papayasaft ohne Eis und ohne Zucker.

Quero um café sem açúcar.
käru ũ kafä ßẽĩ aßukar
(ich-)will ein Kaffee ohne Zucker
Ich möchte einen Kaffee ohne Zucker.

Tem adoçante, por favor?
tẽĩ adoßãtschi pur fawor
(es-)hat Süßstoff durch Gefallen
Gibt es Süßstoff, bitte?

🎶 **Quero a caipirinha com pouco açúcar.**
käru a kajpirĩnja kũ poku aßukar
(ich-)will die Caipirinha mit wenig Zucker
Ich möchte die Caipirinha mit wenig Zucker.

🎶 **Pode trazer um cinzeiro, por favor?**
pòdshi traser ũ ßĩsejru pur fawor
(er-/sie-)kann bringen ein Aschenbecher durch Gefallen
Können Sie bitte einen Aschenbecher bringen?

🎶 **Quero pagar a conta.**
käru pagar a kõũta
(ich-)will zahlen die Rechnung
Die Rechnung, bitte.

🎶 **A taxa de serviço está incluída?**
a tascha dshi ßerwißu ißta ĩkluida
die Gebühr von Dienst (sie-)ist inbegriffen
Ist die Bedienung inbegriffen? ?
(10 % Bedienungspauschale)

Kaufen & Handeln

In den Großstädten wird selten gehandelt. In kleineren Läden und auf Märkten kann man aber einen Rabatt aushandeln.

Im Landesinneren, vor allem im Nordosten, und Norden bis hinab nach Minas Gerais müssen Sie jedoch feilschen. Sie werden dort sofort als Ausländer erkannt, und die Ware wird prompt um 500 Prozent teurer.

Mit einem Smartphone können Sie sich die mit einem 🎶 gekennzeichneten Sätze dieses Kapitels anhören.

oferecer	ofere**ß**er	anbieten
a entrada	a ī**tra**da	Anzahlung
exportar	i**ß**porta**r**	ausführen
barato	bar**a**tu	billig
importar	īportar	einführen
embrulhar	ī**bru**lja**r**	einpacken
regatear	hegatsch**ia**r	feilschen
o preço fixo	u pre**ß**u fik**ß**u	Festpreis
aberto	abä**r**tu	geöffnet
o negócio	u negò**ß**iu	Geschäft
fechado	fesch**a**du	geschlossen
o comércio	u komä**r**ßiu	Handel
o comerciante	u komer**ß**i**ã**tschi	Händler
comprar	kõūpra**r**	kaufen
o cartão de crédito	u kartã**ū** dshi krä**d**shitu	Kreditkarte
a loja	a lòsha	Laden
levar	lew**a**r	mitnehmen
o recibo	u he**ß**ibu	Quittung
o desconto	u dshi**ß**kõūtu	Rabatt
a prestação	a pre**ß**ta**ß**ã**ū**	Ratenzahlung
a nota fiscal	a nòta fi**ß**kau	Rechnung (für Steuer)
caro	k**a**ru	teuer
o imposto	u ī**po**ßtu	Steuer
negociar	nego**ß**ia**r**	verhandeln
o vendedor	u w**ē**īdedo**r**	Verkäufer

bedeutet sowohl „Laden" als auch „Business"

Lassen Sie sich nicht zu tief in den Geldbeutel schauen und nehmen Sie keine großen Scheine mit. Auch nicht alle Ihre Kreditkarten mitnehmen, eine reicht. VISA und Mastercard werden überall angenommen, American Express seltener.

🔊 **Quanto custa este / esta ...?**
ku**ã**tu ku**ß**ta e**ß**tschi / ä**ß**ta ...
wie-viel kostet dieser / diese
Wie viel kostet dieser / diese ...?

🎵 **É muito caro.**
ä mũĩtu karu
(es-)ist sehr teuer
Das ist sehr teuer.

🎵 **Quero o mais barato.**
käru u majß baratu
(ich-)will der mehr billig
Ich möchte das billigste.

a cor	a kor	Farbe
o tamanho	u tamãnju	Größe
feito à mão	fejtu a mãũ	handgemacht
a imitação	a imitaßãũ	Imitation
o artesanato	u artesanatu	Kunsthandwerk
a quantidade	kuätschidadshi	Menge
a qualidade	a kualidadshi	Qualität
o quadro	u kuadru	Bild, Gemälde
o livro	u liwru	Buch
a pedra preciosa	a pädra preßiòsa	Edelstein
o ouro	u oru	Gold
o cinto	u ßĩtu	Gürtel
a rede	a hedshi	Hängematte
o caderno	u kadärnu	Heft
a camisa	a kamisa	Hemd
as calças	aß kaußaß	Hose
o chapéu	u schapäu	Hut
o vestido	u weßtschidu	Kleid
o couro	u koru	Leder
o perfume	u perfumi	Parfüm
a saia	a ßaja	Rock
as sandálias	aß ßädaliaß	Sandalen
a jóia	a shòja	Schmuck
os sapatos	uß ßapatuß	Schuhe
a prata	a prata	Silber
a renda	a hẽda	Spitze
a camiseta	a kamiseta	T-Shirt

Interessante Reise-souvenirs sind auch z. B. folkloristische Keramikfiguren (figuras de barro figuraß dshi bahu) *oder das bogenförmige afro-brasilianische Musik-instrument* berimbau berĩbau, *das beim Kampftanz* capoeira kapuejra *unverzicht-bar ist.*

Sou estudante e não tenho dinheiro.
ßo ißtudātschi i nãũ tēnju dshīnjejru
(ich-)bin Student und nicht (ich-)habe Geld
Ich bin Student und habe kein Geld.

Não sou turista rico.
nãũ ßo turißta hiku
nicht (ich-)bin Tourist reich
Ich bin kein reicher Tourist.

Não pode dar um desconto?
nãũ pòdshi dar ũ dshißkōūtu
nicht (er-/sie-)kann geben ein Rabatt
Können Sie keinen Rabatt geben?

Quanto custa a rede?
kuātu kußta a hedshi
wie-viel (sie-)kostet die Netz
Wie viel kostet die Hängematte?

Está muito caro.
ißta mūītu karu
(es-)ist sehr teuer
Das ist sehr teuer.

Quero um desconto.
kāru ũ dshißkōūtu
(ich-)will ein Rabatt
Ich möchte einen Rabatt.

Tem uma sacola?
tēĩ uma ßakòla
(es-)hat eine Tüte
Haben Sie eine Tüte?

Aceita dólar?
aßejta dòlar
(er-/sie-)annimmt Dollar
Akzeptieren Sie Dollar?

Quanto paga pelo dólar / euro?
kuātu paga pelu dòlar / euru
wie-viel (er-)zahlt für Dollar / Euro
Wie viel zahlst du für Dollar / Euro?

Não quero comprar nada.
nãũ kāru kōūprar nada
nicht (ich-)will kaufen nichts
Ich möchte nichts kaufen.

Die folgende Frage wird bei Kreditkartenzahlung häufig gestellt. Brasilianer können nämlich auch mit der Kreditkarte in Raten abbezahlen. Bei in Europa ausgestellten Kreditkarten ist dies allerdings gar nicht möglich.

© Christian Knepper@Embratur

Quer dividir o pagamento?
kär dshiwidir u pagamĕtu
(er-/sie-)will teilen die Bezahlung
Möchten Sie in Raten zahlen?

Fotografieren

Bevor man eine andere Person fotografiert, sollte man deren Einwilligung einholen. Nicht selten wird dann vom Fotografierenden etwas Geld verlangt.

a foto, a fotografia	Foto(grafie)
a fŏtu, a fotografia	
fotografar fotografar	fotografieren
tirar uma foto	ein Foto machen
tschirar uma fŏtu	*ziehen eine Foto*
a câmara fotográfica	Fotoapparat
a kamara fotografika	
o aparelho fotográfico	
u aparelju fotografiku	
a câmara digital	Digitalkamera
a kamara dshishitau	

Mit einem Smartphone können Sie sich die mit einem ♪ gekennzeichneten Sätze dieses Kapitels anhören.

o cartão de memória	Speicherkarte
u kart<u>ãũ</u> dshi memòria	
a filmadora digital	Videokamera
a fiumad<u>o</u>ra dshishit<u>a</u>u	
o flash u fl<u>a</u>schi	Blitzlicht
o filme colorido	Farbfoto
a fi<u>u</u>mi kolor<u>i</u>du	
o diapositivo	Dia
u dshiapositsch<u>i</u>wu	
brilhante – mate	glänzend – matt
brilj<u>ä</u>tschi – m<u>a</u>tschi	
revelar hewel<u>a</u>r	entwickeln
imprimir <u>ī</u>primir	ausdrucken

🔊 **Posso tirar uma foto da sua casa?**
pòßu tschir<u>a</u>r <u>u</u>ma fòtu da ßua k<u>a</u>sa
(ich-)kann ziehen eine Foto von-die sein Haus
Darf ich ein Foto von deinem Haus machen?

🔊 **Quero tirar uma foto de todos nós.**
k<u>ä</u>ru tschir<u>a</u>r <u>u</u>ma fòtu dshi t<u>o</u>duß nòß
(ich-)will ziehen eine Foto von alle wir
Ich möchte ein Foto von uns allen machen.

Krank sein

Reisen Sie nur mit einer Krankenversicherung, die Sie schon im Heimatland abgeschlossen haben. Die medizinische Versorgung ist in Brasilien in privater Hand, und ein Krankenhausaufenthalt kann sehr teuer werden. Es handelt sich schlicht um ein profitorientiertes Geschäft, das mit sozialer Fürsorge oder Ethik wenig zu tun hat.

In Brasilien haben die Apotheker die Funktion von „Barfußärzten". Wenn man nicht sehr krank ist, geht man zur Apotheke (farmácia farma*ßia*) oder zur Drogerie (drogaria droga*ria,* mit Apothekenschalter). Der Apotheker stellt die Diagnose und führt die Behandlung durch. Antibiotika darf er aber mittlerweile nur noch mit ärztlichem Rezept verabreichen.

Landesweite Notrufnummer ist die 192.

In armen Gegenden mit Wassermangel kann das Wasser verseucht sein. Trinken Sie dort nur Mineralwasser oder Abgekochtes, und Fruchtsäfte auch nur dann, wenn kein Wasser dazu kommt (z. B. Orangensaft). Vermeiden Sie frische Salate, da diese mit vielleicht verkeimtem Wasser gewaschen sind.

Vorsicht: Auch Eiswürfel werden aus ganz normalem Wasser hergestellt!

🔊 **Por favor, chame um médico.**
pur faw<u>o</u>r sch<u>a</u>mi ũ m<u>ä</u>dshiku
durch Gefallen (er-/sie-)rufe ein Arzt
Rufen Sie bitte einen Arzt.

Krank sein

🎵 **Preciso de um médico com urgência.**
preßisu dshi ũ mądshiku kũ urshẽßia
(ich-)brauche von ein Arzt mit Dringlichkeit
Ich brauche dringend einen Arzt.

🎵 **Onde tem um médico / um pronto-socorro?**
õũdshi tẽĩ ũ mądshiku / ũ prõũtu ßokohu
wo (es-)hat ein Arzt / ein schneller-Hilfe
Wo gibt es einen Arzt / eine Erste-Hilfe-Klinik?

🎵 **Estou passando mal.**
ißto paßãdu mau
(ich-)bin fühlend schlecht
Ich fühle mich schlecht.

🎵 **Tenho dores fortes aqui.**
tẽnju doriß fòrtschiß aki
(ich-)habe Schmerzen starke hier
Ich habe hier starke Schmerzen.

🎵 **Preciso de um remédio contra dor de ...**
preßisu dshi ũ hemądshiu kõũtra dor dshi ...
(ich-)brauche von ein Medikament gegen Schmerz von
Ich brauche ein Medikament gegen ...-schmerzen.

🎵 **Eu preciso de uma conta / um atestado.**
eu preßisu dshi uma kõũta / ũ ateßtadu
ich (ich-)brauche von eine Rechnung / ein Bescheinigung
Ich brauche eine Rechnung / ein Attest.

🎵 **Escreva no recibo o tratamento / diagnóstico.**
ißkrewa nu heßibu u tratamẽtu / dshiagnòßtschiku
(er-/sie-)schreibe in-der Quittung der Behandlung / Diagnose
Schreiben Sie auf die Quittung bitte die Behandlung / Diagnose.

🔊 **Tenho seguro particular.**
tẽnju ßeguru partschikular
(ich-)habe Versicherung privat
Ich bin privat versichert.

🔊 **Não tenho seguro no Brasil.**
naũ tẽnju ßeguru nu brasiu
nicht (ich-)habe Versicherung im Brasilien
Ich bin in Brasilien nicht versichert.

O meu plano de saúde de viagem cobre todos os custos do tratamento.
u meu plani dshi ßaudshi dshi wiashẽi kòbri toduß uß kußtuß du tratamẽtu
der mein Plan von Gesundheit von Reise (er-)deckt alle die Kosten von Behandlung
Meine Reisekrankenversicherung deckt alle Behandlungskosten.

Preciso dos códigos IBAN e BIC do banco e o CNPJ deste hospital.
preßisu duß kòdshiguß ibã i bik(i) du bãku i u ßeenipeshòta deßtschi oßpitau
(ich-)brauche von-die Codes IBAN und BIC vom Bank und der CNPJ von-dieser Krankenhaus
Ich brauche die IBAN- und BIC-Nummern Ihrer Bank und die Steuernummer dieses Krankenhauses. *(für die Überweisung)*

🔊 **Quanto é a consulta?**
kuatu ä a küßuuta
wie-viel (sie-)ist die Sprechstunde
Wie viel kostet die Konsultation?

a farmácia	a farmaßia	Apotheke
o médico	u mädshiku	Arzt
o atestado	u ateßtadu	Bescheinigung
o resultado	u hesuutadu	Ergebnis
os primeiros socorros	uß primejruß ßokohuß	Erste Hilfe
o hospital, a clínica	u oßpitau, a klinika	Krankenhaus

a ambulância	a ābulāßia	Krankenwagen
a doença	a duẽßa	Krankheit
a enfermeira	a ĩfermejra	Kranken-schwester
a consulta	a kūßuuta	Sprechstunde
o acidente	u aßidẽtschi	Unfall
o exame	u esami	Untersuchung
o dentista	u dẽĩtschißta	Zahnarzt

o laxante	u laschãtschi	Abführmittel
o tratamento	u tratamẽtu	Behandlung
a anestesia	a aneßtesia	Betäubung
o desinfetante	u dshisĩfetãtschi	Desinfektions-mittel
a dose	a dòsi	Dosis
a pressão	a preßãũ	(Blut-)Druck
o esparadrapo	u ißparadrapu	Heftpflaster
a injeção	a ĩsheßãũ	Injektion
a UTI	a utei	Intensivstation
o remédio	u hemãdshiu	Medikament
medir	medshir	messen
o gaze	u gasi	Mullbinde
a operação	a operaßãũ	Operation
o pulso	u puußu	Puls
a radiografia	a hadshiografia	Röntgenbild
o termômetro	u termometru	Thermometer
a pomada	a pomada	Salbe
o analgésico	u anaushäsiku	Schmerzmittel
a seringa	a ßerĩga	Spritze
o comprimido,	u kũprimidu,	Tablette
a drágea	a drashia	
as gotas	as gotaß	Tropfen

a atadura	a atadu̱ra	Verband
o algodão	u augodã̱ũ	Watte
a obturação	a obitura̱ßã̱ũ	Zahnfüllung

a alergia	a alershi̱a	Allergie
a disenteria	a dshisi̱teria	Amöbenruhr
a hemorragia	a emohashi̱a	Blutung
a apendicite	a apëïdshi̱ßitschi	Blinddarm-entzündung
a fratura	a fratu̱ra	Bruch
a cólera	a kò̱lera	Cholera
a diarréia	a dshiahä̱ja	Durchfall
o pus	u pu̱ß	Eiter
a inflamação	a ïflama̱ßã̱ũ	Entzündung
vomitar	womita̱r	sich erbrechen
o resfriado	u heßfri̱adu	Erkältung
a febre	a fä̱bri	Fieber
a gripe	a gri̱pi	Grippe
a hepatite	a epati̱tschi	Hepatitis
a tosse	a tò̱ßi	Husten
a infecção	a ïfeḵßã̱ũ	Infektion
a cárie	a ka̱rii	Karies
a malária	a mala̱ria	Malaria
o desmaio	u dshisma̱ju	Ohnmacht
o corte	u kò̱rtschi	Schnitt
a tontura	a tõ̱ũtu̱ra	Schwindel
a insolação	a ïßola̱ßã̱ũ	Sonnenstich
a picada	a pika̱da	Stich, Biss
a queimadura	a kejmadu̱ra	Verbrennung
a prisão de ventre	a prisã̱ũ dshi wẽ̱tri	Verstopfung
a ferida	a feri̱da	Wunde

Wer eine empfindliche Darmflora hat, sollte sich zumindest in den ersten Tag die Zähne mit Mineralwasser putzen. Bei Durchfall soll das Kochwasser von Reis wahre Wunder bewirken. Nicht vergessen: Viel Cola oder Kokosnusswasser trinken!

a dor …	a dor …	…-schmerz
de cabeça	dshi kabeßa	Kopf-…
de garganta	dshi gargāta	Hals-…
de barriga	dshi bahiga	Bauch-…
de dente	dshi dētschi	Zahn-…

Körper (o corpo u korpu)		
a veia	a weja	Ader
o braço	u braßu	Arm
o olho	u olju	Auge
a sobrancelha	a ßobrāßelja	Augenbraue
a barriga	a bahiga	Bauch
a perna	a pärna	Bein
a bexiga	a bischiga	(Harn-)Blase
o sangue	u ßāgi	Blut
o peito	u pejtu	Brust
o seio	u ßeju	Brust (weibl.)
o intestino	u īteßtschinu	Darm
o cotovelo	u kotowelu	Ellbogen
o dedo	u dedu	Finger
o pé	u pä	Fuß
o cabelo	u kabelu	Haar (Kopf)
o pescoço	u peßkoßu	Hals
a mão	a mãũ	Hand
a pele	a päli	Haut
o coração	u koraßāũ	Herz
a nádega	a nadega	Hintern
a garganta	a gargāta	Kehle
o queixo	u keschu	Kinn
o joelho	u shuelju	Knie
o osso	u oßu	Knochen
a cabeça	a kabeßa	Kopf

o fígado	u figadu	Leber
os lábios	us labiuß	Lippe
o pulmão	u puumãũ	Lunge
o estômago	u ißtomagu	Magen
as amídalas	as amidalaß	Mandeln
a boca	a boka	Mund
o músculo	u mußkulu	Muskel
a unha	a ũnja	Nagel
o nariz	u nariß	Nase
o nervo	u nerwu	Nerv
o rim	u hĩ	Niere
a orelha	a orelja	Ohr *(außen)*
o ouvido	u owidu	Ohr *(innen)*
a costela	a koßtäla	Rippe
as costas	aß koßtaß	Rücken
a testa	a täßta	Stirn
a coxa	a koscha	Schenkel
o ombro	u õũbru	Schulter
o cílio	u ßiliu	Wimper
a raiz	a haiß	Wurzel
o dente	u dẽtschi	Zahn
a gengiva	a shĩshiwa	Zahnfleisch
a língua	a lĩgua	Zunge

zur Körperpflege		
o absorvente	u abißorwẽtschi	Damenbinde
o desodorante	u dshisodorãtschi	Deodorant
a escova	a ißkowa	Bürste
o pente	u pẽtschi	Kamm
o sabão	u ßabãũ	Kernseife
o cortador de unhas		Nagelschere
	u kortador dshi ũnjaß	

o estojo higiênico		Necessaire
	u ißtoshu ishieniku	
o talco	u tauku	Puder
o barbeador	u barbiador	Rasierapparat
a tesoura	a tesora	Schere
o sabonete	u ßabonetschi	Seife
o xampu	u schãpu	Shampoo
o tampão	u tãpãu	Tampon
a pasta de dente	a paßta dshi detschi	Zahnpasta

Auf dem Amt

Amtliche Angelegenheiten können wahnsinnig kompliziert sein. Deshalb gibt es in Brasilien auch einen sehr nützlichen Beruf: den despachante dshißpaschatschi. Ein solcher Dienstleister wickelt gegen Bezahlung alle Formalitäten für Sie ab: Einfuhr oder Ausfuhr von Waren, die Beschaffung von Aufenthaltsbescheinigungen, Pässen, Personalausweisen usw. Je eiliger man es hat, desto teurer wird der Service, da die „Beschleunigungsgelder" für die jeweilige Behörde höher sind.

Für Ausländerangelegenheiten ist die Bundespolizei Policia Federal *polißia federau zuständig. Dort kann man auch ohne viel Bürokratie die Aufenthaltserlaubnis verlängern lassen.*

o vencimento	u wẽißimetu	Ablaufdatum
o departamento		Abteilung
	u departametu	
a delegacia de estrangeiros	a delegaßia dshi ißträshejruß	Ausländerbehörde
o funcionário	u füßionariu	Beamter

o reconhecimento		Beglaubigung
	u hekõnjeßimẽtu	
o certificado	u ßertschifikạdu	Bescheinigung
a reclamação	a heklamaßãũ	Beschwerde
a embaixada	a ĩbajshạda	Botschaft
a fotocópia	a fotokọpia	Fotokopie
a autorização	a autorisaßãũ	Genehmigung
o consulado	u küßulạdu	Konsulat
o cartório	u kartọriu	Notarskanzlei
o advogado	u adshiwogạdu	Rechtsanwalt
o passaporte	u paßapọrtschi	Reisepass
a seção	a ßeßãũ	Unterabteilung
a assinatura,	a aßinatụra,	Unterschrift
a firma	a fịrma	
a prorrogação	a prohogaßãũ	Verlängerung
o visto	u wịßtu	Visum
a alfândega	a aufãdega	Zoll

Ein weiterer Ausdruck für „Fotokopie" ist xerox *scherọkßi.*

Der brasilianische Personalausweis heißt carteira de identidade kartejra dshi idẽĩtschidạdshi.

visto de permanência temporária wịßtu dshi permanẽ̃ßia tẽĩporạria *befristete Aufenthalts-genehmigung*

Quero falar com o chefe da seção.
kặru falạr kũ u schặfi da ßeßãũ
(ich-)will sprechen mit der Chef von-die Sektion
Ich möchte den Abteilungsleiter sprechen.

🔊 **Não tenho nada a declarar.**
nãũ tẽnju nạda a deklarạr
nicht (ich-)habe nichts zu verzollen
Ich habe nichts zu verzollen.

🔊 **Abra esta mala.**
ạbra ä̈ßta mạla
(er-/sie-)öffne dieser Koffer
Öffnen Sie diesen Koffer!

🔊 **São coisas de uso pessoal.**
ßãũ kọjsaß dshi ụsu peßuạu
(sie-)sind Sachen von Gebrauch persönlich
Das sind Dinge für den persönlichen Gebrauch.

Polizei

Falls Ihnen trotz aller Vorsichtsmaßnahmen etwas gestohlen worden ist, müssen Sie auf jeden Fall bei der Polizei eine Anzeige erstatten, um etwas von der Versicherung erstattet zu bekommen.

Es gibt in Brasilien verschiedene Polizeiorganisationen mit unterschiedlichen Zuständigkeitsbereichen.

abgekürzt PM peemi

Die DELTUR *gibt es in allen Großstädten. Sie hat Dolmetscher und hilft Touristen z. B. bei der Beschaffung von Dokumenten.*

Eine neuere Art von Verbrechen ist die so genannte „Blitzentführung" sequestro relâmpago *ßekuäßtru helapagu. Dabei zwingt man das Opfer, mit der Kreditkarte Geld vom Konto abzuheben und lässt es danach wieder frei.*

a polícia	a pulißia	Polizei
polícia militar	pulißia militar	Militärpolizei
polícia federal	pulißia federau	Bundespolizei
polícia civil		Verkehrspolizei
polícia rodoviária		Autobahnpolizei
	pulißia hodowiaria	
a delegacia de turismo (DELTUR)	a delegaßia dshi turismu	Touristenpolizei
a denúncia, a queixa	a denüßia, a kescha	Anzeige
o depoimento	u depojmetu	Aussage
o bandido	u bädshidu	Bandit
a multa	a muuta	Bußgeld, Strafe
o ladrão	u ladrãu	Dieb
o roubo	u hobu	Diebstahl
o sequestro	u ßekuäßtru	Entführung
o delegado	u delegadu	Kommissar
a faca	a faka	Messer
a pistola	a pißtòla	Pistole
a delegacia	a delegaßia	Polizeirevier

o oficial	u ofißi̱au	Offizier
o revólver	u hewo̱uwer	Revolver
o soldado	u ßoud̲a̱du	Soldat
a rádio patrulha		Streifenwagen
	a h̲a̱dshiu patru̱lja	
o trombadinha	u trõũbadshĩ̱nja	Taschendieb *(jugendl.)*
o assalto	u aßa̱utu	Überfall
o delinquente	u del̲ĩku̱e̱tschi	Verbrecher
o estupro	u ißtu̱pru	Vergewaltigung
a testemunha		Zeuge
	a tschißtschimũ̱nja	

Mãos ao alto! Isso é um assalto.
mãũs au a̱utu i̱ßu ä ũ aßa̱utu
Hände zu-dem hoch dieses (es-)ist ein Überfall
Hände hoch! Das ist ein Überfall!

🔊 **Por favor, preciso de ajuda!**
pur fawo̱r preßi̱so dshi ashu̱da
durch Gefallen (ich-)brauche von Hilfe
Bitte, ich brauche Hilfe.

🔊 **Quero dar queixa.**
kä̱ru dar ke̱scha
(ich-)will geben Anzeige
Ich möchte Anzeige erstatten.

🔊 **Me roubaram a carteira com os documentos.**
mi hoba̱rã a karte̱jra kũ us dokumẽ̱tuß
mir (sie-)stahlen die Brieftasche mit-die Papiere
Man hat mir die Brieftasche mit den Papieren gestohlen.

🔊 **Roubaram meu passaporte.**
hoba̱rã me̱u paßapo̱rtschi
(sie-)stahlen mein Pass
Man hat meinen Pass gestohlen.

🔊 **Perdi o meu passaporte.**
perdshi̱ u me̱u paßapo̱rtschi
(ich-)verlor der mein Pass
Ich habe meinen Pass verloren.

Polizei

♪ Fui assaltado no ônibus.
fuj aßautadu nu onibuß
(ich-)wurde überfallen im Bus
Ich wurde im Bus überfallen.

♪ Roubaram a minha carteira.
hobarã a mĩnja kartejra
(sie-)stahlen die meine Geldbörse
Man hat mein Portmonee gestohlen.

♪ Levaram minhas roupas, o dinheiro e os documentos.
lewarã mĩnjaß hopaß u dshĩnjejru i uß dokumẽtuß
(sie-)nahmen meine Kleider der Geld und die Dokumente
Sie haben meine Kleider, das Geld und die Papiere genommen.

♪ O policial roubou o resto.
u polißiau hobo u häßtu
der Polizist (er-)raubte der Rest
Der Polizist hat den Rest geklaut.

♪ Minha mulher sumiu com todo o dinheiro.
mĩnja muljär ßumiu kũ todu u dshĩnjejru
meine Frau (sie-)verschwand mit alles der Geld
Meine Frau ist mit dem ganzen Geld verschwunden.

♪ Ele me bateu no rosto.
eli mi bateu nu hoßtu
er mich (er-)schlug in-der Gesicht
Er hat mich ins Gesicht geschlagen.

♪ A culpa sempre é da vítima.
a kuupa ßẽpri ä da witschima
die Schuld immer ist von-die Opfer
Schuld hat immer das Opfer.

♪ Você precisa dar queixa na delegacia.
woße preßisa dar kescha na delegaßia
du (er-/sie-)muss geben Anzeige in-die Polizeirevier
Du musst bei der Polizei Anzeige erstatten.

♪ Quero dar parte na delegacia.
käru dar partschi na delegaßia
(ich-)will geben Bericht in-die Polizeirevier
Ich möchte bei der Polizei Anzeige erstatten.

🐚 **A vítima faz um depoimento com o delegado.**
a witschima fas ũ depojmẽtu kũ u delegadu
die Opfer (sie-)macht ein Aussage mit der Kommissar
Das Opfer macht eine Aussage beim Kommissar.

🐚 **Preciso de uma cópia do boletim de ocorrência.**
preßisu dshi uma kòpia du boletschĩ dshi okohẽĩßia
(ich-)benötige von eine Kopie von-der Bericht von Vorfall
Ich brauche eine Kopie des Polizeiberichts.

🐚 **Qual o resultado da perícia?**
kuau u hesuutadu da periẞia
welches der Ergebnis von-die Untersuchung
Was ist das Ergebnis der Untersuchung?

Geld & Bank

Die Währung Brasiliens heißt real heau (in der Mehrzahl reais heajß, die kleinen Einheiten sind die centavos ßẽĩtawuß). Der real wurde 1994 eingeführt, was eine lange Periode von Hyperinflation und Finanzchaos beendete. Sie können Bargeld und Reiseschecks in Banken, Wechselstuben, Hotels und Reisebüros eintauschen. Allerdings wechselt längst nicht jede Bankfiliale Bargeld, und Hotels und Reisebüros tauschen zu einem miserablen Wechselkurs. In der Regel ist es einfacher, Dollars zu wechseln als Euros, und kleine Scheine gehen besser als große.

Banknoten gibt es zu 2, 5, 10, 50 und 100 reais, und Münzen zu 1 real sowie zu 5, 10 und 25 centavos. Obwohl es also keine Ein-Centavo-Münzen gibt, kosten alle Waren im Laden Preise wie z. B. 1,99.

Auch in Brasilien gibt es überall Geldautomaten. Allerdings kommt es immer wieder zu massiven Problemen bei der Bargeldabhebung mit ausländischen Karten (sowohl Kredit- als auch Debitkarten wie Maestro). Das deutsche Auswärtige Amt empfiehlt (Stand Mitte 2014), sich vor der Abreise bei der Heimatbank zu erkundigen, ob Geldabhebungen in Brasilien zugelassen sind. Teilweise können nur Kleinbeträge abgehoben werden, und teilweise kommt gar kein Geld, aber das Konto wird dennoch mit dem angeforderten Betrag belastet. Daher bewahren Sie die Belege gut auf, und versorgen Sie sich nach Möglichkeit mit Reiseschecks und Bargeld (Dollar), auch wenn letzteres angesichts der Kriminalitätsrate auch nicht immer eine gute Idee ist. Informationen zum Thema finden Sie unter:

www.auswaertiges-amt.de/sid_2E2D567DCE410B2DAD7385170090929A/DE/
Laenderinformationen/00-SiHi/BrasilienSicherheit.html

o banco	u bãku	Bank
o cartão de débito	u kartãũ dshi däbitu	Debitkarte
o euro	u euru	Euro
o formulário	u formulariu	Formular
o franco suíço	u frãku ßuißu	Franken *(CH)*
o dinheiro	u dshĩnjejru	Geld
o caixa eletrônico	u kajscha eletroniku	Geldautomat
a nota	a nòta	Geldschein

a caixa	a kajscha	Kasse
a conta	a kõũta	Konto
o cartão de crédito	u kartãũ dshi krädshitu	Kreditkarte
a moeda	a moäda	Münze, Währung
o cheque de viagem	u schäki dshi wiashēĩ	Reisescheck
a transferência	a träßferēĩßia	Überweisung
trocar	trokar	wechseln
a casa de câmbio	a kasa dshi kãbiu	Wechselstube
o curso de câmbio, a cotação	a kurßu dshi kãbiu, a kotaßãũ	Wechselkurs

Onde encontro um caixa eletrônico?
õũdshi ĩkõũtru ũ kajscha eletroniku
wo (ich-)finde ein Kasse elektronisch
Wo finde ich einen Geldautomaten?

🔊 **Onde tem um banco / uma casa de câmbio?**
õũdshi tēĩ ũ bãku / uma kasa dshi kãbiu
wo (es-)hat ein Bank / eine Haus von Wechsel
Wo gibt es eine Bank / Wechselstube?

🔊 **Quero trocar dinheiro / cem euros.**
käru trokar dshĩnjejru / ßēĩ euruß
(ich-)will wechseln Geld / hundert Euro
Ich möchte Geld / 100 Euro umtauschen.

⸮ Quanto está o câmbio?
kuãtu ißta u kãbiu
wie-viel (er-)ist der Wechsel
Wie hoch ist der Wechselkurs?

⸮ Eu não tenho troco / dinheiro trocado.
eu nãũ tẽnju troku / dshĩnjejru trokadu
ich nicht (ich-)habe Umtausch / Geld getauscht
Ich habe kein Wechselgeld.

⸮ Quero pagar com cartão de crédito.
kãru pagar kũ kartãũ dshi krädshitu
(ich-)will zahlen mit Karte von Kredit
Ich möchte mit Kreditkarte bezahlen.

⸮ Qual é o seu cartão?
kuau ä u ßeu kartãũ
welche (er-)ist der sein Karte
Welche Karte haben Sie?

Post & Telefon

Es gibt in Brasilien zwar noch immer den normalen Postversand für Briefe und Pakete, aber der schnellste und zuverlässigste Zustelldienst ist mittlerweile SEDEX ßedäkß(i) (serviço de encomenda expressa), der Kurierdienst der staatlichen Post. Sendungen per SEDEX sind etwas teurer als auf dem regulären Postweg.

Es gibt verschiedene Tarife, je nachdem, wie eilig der Versand ist. Der Auslandstarif heißt SEDEX mundi.

a carta	a karta	Brief
o selo	u ßelu	Briefmarke
via expressa	wia ißpräßa	per Eilpost
a carta registrada	a karta heshißtrada	Einschreiben
o pacote	u pakòtschi	Paket
a franquia	a frãkia	Porto
o cartão postal	u kartãũ poßtau	Postkarte
o guichê	u gische	Schalter

Für Post innerhalb Brasiliens benötigt man die Postleitzahl CEP (código de endereçamento postal).

🖈 **Quero mandar uma carta registrada para a Alemanha.**
käru mãdar uma karta heshißtrada pra a alemãnja
(ich-)will schicken eine Brief eingetragene für die Deutschland
Ich möchte ein Einschreiben nach Deutschland senden.

🖈 **Quero comprar alguns selos.**
käru kõüprar augüß ßeluß
(ich-)will kaufen einige Briefmarken
Ich möchte einige Briefmarken kaufen.

Telefonie

Das Telefonfestnetz in Brasilien ist privatisiert. Das Netz der öffentlichen Telefonzellen wird von der Firma Oi oj betrieben. Es gibt Prepaid-Karten in verschiedenen Preisstufen, aber es kann schwierig werden, überhaupt Verkaufsstellen für diese Karten zu finden.

Die meisten Telefonkabinen (orelhão oreljãũ „großes Ohr", wegen der charakteristischen Halbschalenform) werden nicht gewartet und sind oft zerstört.

Mit einem R-Gespräch (chamada a cobrar schamada a kobrar) kann man in Brasilien auch ohne Telefonkarte von jedem Anschluss aus anrufen. Die Gebühren zahlt der Gesprächspartner. Die Vermittlung der Telefongesellschaft fragt Sie vor der Herstellung der Verbindung Folgendes:

🕭 **Após o sinal, diga o seu nome e o lugar de onde está chamando.**
apòß u ßinau dshiga u ßeu nomi i u lugar dshi õũdshi ißta schamãdu
nach der Zeichen (er-/sie-)sage der sein Name und der Ort
von wo (er-/sie-)ist rufend
Sagen Sie nach dem Signalton Ihren Namen und woher Sie anrufen.

Anschließend nimmt Ihr gewünschter Gesprächspartner das Gespräch an (oder auch nicht).

a chamada	a sch<u>a</u>mada	Anruf
ocupado	ok<u>u</u>padu	besetzt
a chamada DDI	a sch<u>a</u>mada ded<u>ei</u>	Auslandsgespräch
o telefone fixo	u telef<u>o</u>ni f<u>i</u>kßu	Festnetztelefon
a chamada DDD	a sch<u>a</u>mada ded<u>e</u>de	Inlandsferngespräch
o telefone público	u telef<u>o</u>ni p<u>u</u>bliku	öffentlicher Fernsprecher
a lista telefônica	a l<u>i</u>ßta telef<u>o</u>nika	Telefonbuch
telefonar	telefon<u>a</u>r	telefonieren
o orelhão	u orelj<u>ãũ</u>	Telefonkabine
o cartão telefônico (pré-pago)	u kart<u>ãũ</u> telef<u>o</u>niku präp<u>a</u>gu	Telefonkarte (prepaid)
a ligação	a ligaß<u>ãũ</u>	Verbindung
o prefixo internacional	u pref<u>i</u>kßu ïternaßion<u>a</u>u	Ländervorwahl
o código de área	u k<u>o</u>dshigu dshi <u>a</u>ria	Ortsvorwahl
discar	dshißk<u>a</u>r	wählen

DDI = discagem direta internacional

DDD = discagem direta a distância

🔊 **Quero telefonar para a Alemanha.**
k<u>ä</u>ru telefon<u>a</u>r pra a alem<u>ã</u>nja
(ich-)will telefonieren für die Deutschland
Ich möchte nach Deutschland telefonieren.

Onde vendem cartões telefônicos para orelhões / telefones públicos?

ōūdshi wēdēī kartōīß telefonikuß para oreljōīß / telefoniß publikuß

wo (sie-)verkaufen Karten telefonische für große-Ohren / Telefone öffentliche

Wo werden Telefonkarten für öffentliche Telefone verkauft?

✎ Quero um cartão telefônico com cem unidades.

kä̱ru ũ kartä̱ū telefo̱niku kũ ßēī unida̱dshiß

(ich-)will ein Karte telefonisch mit hundert Einheiten

Ich möchte eine Telefonkarte mit 100 Einheiten.

Laut ITU (International Telecommunication Union) hatte Brasilien Ende 2013 im Vergleich von 159 Ländern die teuersten Mobilfunk- (und auch Internet-)Gebühren. Zugleich waren zum genannten Zeitpunkt 270,5 Millionen Handys im Umlauf, d. h. ca. 136 Mobiltelefone pro 100 Einwohner.

Es gibt (Stand 2014) vier große Mobilfunkanbieter in Brasilien, die auch die Versorgung mit Internet-Anschlüssen übernehmen: Claro, Vivo, Tim und Oi. Die Tarifangebote ändern sich fast täglich.

SIM-Karten (chips schipiß) werden überall verkauft: an Tankstellen, in Supermärkten, am Kiosk usw. Das Problem dabei ist die Anmeldung der SIM-Karte. Dies ist im Prinzip telefonisch machbar, aber dann muss eine brasilianische Personen-Steuernummer (CPF) angegeben werden, die Sie als Tourist natürlich nicht besitzen. Laut Regierungsdekret von

2012 soll es zwar auch mit einer Reisepass-
nummer funktionieren, aber das macht das
Registrierungsprogramm nicht immer mit.
Gehen Sie daher lieber in einen der vielen Lä-
den der vier Anbieter und lassen Sie dort die
Anmeldung vom Personal durchführen.

o celular	u ßelular	Handy
pré-pago	präpagu	prepaid
o chip de	u schipi dshi	SIM-Karte
celular	ßelular	
a mensagem	a mēïßashēï	SMS
de texto,	dshi teßtu	
o torpedo	u torpedu	*(ugs.)*

Onde posso comprar um chip da Claro / Vivo / Tim / Oi?
ōũdshi pòßu kōũprar ũ schipi da klaru / wiwu / tschĩ / oj
wo (ich-)kann kaufen ein Chip von-die Claro / Vivo / Tim / Oi
Wo kann ich eine SIM-Karte von Claro / Vivo / Tim / Oi kaufen?

Internet

Beim Kauf der SIM-Karte sollten Sie auch
gleich Prepaid-Internet anfordern. Falls Sie
kein Smartphone haben, sondern mit dem
Laptop unterwegs sind, sollten Sie schon in
Deutschland einen nicht-vertragsgebunde-

nen 3G-Surfstick (modem 3G desbloqueado mò-dēĩ treß she dshißblokịadu) kaufen, um über Ihren Handy-Zugang surfen zu können.

Tem Internet no quarto?
tēĩ ĩternätschi nu kuạrtu
(es-)hat Internet in-der Zimmer
Gibt es Internetzugang im Zimmer?

Onde posso acessar a Internet neste hotel?
õũdshi pòßu aßeßạr a ĩternätschi nẹßtschi otạu
wo (ich-)kann zugreifen die Internet in-dieses Hotel
Wo habe ich in diesem Hotel Internetzugang?

Quanto custa a Internet por hora / dia?
kuạtu kụßta a ĩternätschi pur òra / dshịa
wie-viel (sie-)kostet die Internet durch Stunde / Tag
Wie viel kostet das Internet pro Stunde / Tag?

Não consigo me conectar à Internet.
nãũ kũßịgu mi konektạr a ĩternätschi
nicht (ich-)erreiche mich verbinden zu-die Internet
Ich kann keine Internetverbindung herstellen.

Qual a senha de acesso?
kuau a ßẽnja dshi aßäßu
welche die Passwort von Zugang
Wie ist das Passwort?

Posso usar a impressora?
pòßu usạr a ĩpreßọra
(ich-)kann benutzen die Drucker
Kann ich den Drucker benutzen?

Das spezifische Computer-Vokabular ist, wie international üblich, weitgehend englisch. Die folgenden, eher allgemeinen Ausdrücke sollten Sie kennen:

a imagem	a im<u>a</u>shẽĩ	Bild
o computador	u kõũputad<u>o</u>r	Computer
o arquivo	u ark<u>i</u>wu	Datei
os dados	us d<u>a</u>duß	Daten
a ligação sem fio	a ligaß<u>ãũ</u> ßẽĩ f<u>i</u>u	drahtlose Verbindung
imprimir	ĩprim<u>i</u>r	drucken
a impressora	a ĩpreß<u>o</u>ra	Drucker
as propriedades	aß propried<u>a</u>dshiß	Eigenschaften
inserir	ĩßer<u>i</u>r	einfügen
o correio eletrônico	u koh<u>e</u>ju eletr<u>o</u>niku	E-Mail
o erro	u <u>e</u>hu	Fehler
a janela	a shan<u>ä</u>la	Fenster
o disco rígido	u dsh<u>i</u>ßku h<u>i</u>shidu	Festplatte
baixar	bajsch<u>a</u>r	herunterladen
o café Internet, o Lan house	u kaf<u>ä</u> ĩtern<u>ä</u>tschi u lã h<u>a</u>ußi	Internetcafé
o alto-falante	u autofal<u>ä</u>tschi	Lautsprecher
excluir	ißkl<u>u</u>ir	löschen
o microfone	u mikrof<u>o</u>ni	Mikrofon
o monitor	u monit<u>o</u>r	Monitor
a pasta	a p<u>a</u>ßta	Ordner
o provedor	u proved<u>o</u>r	Provider
escanear	ißkani<u>a</u>r	scannen
a memória	a mem<u>ò</u>ria	Speicher
salvar	ßauw<u>a</u>r	speichern
o teclado	u tekl<u>a</u>du	Tastatur
o cabo USB	u k<u>a</u>bu uäß<u>i</u>be	USB-Kabel
o pen drive	u pän dr<u>a</u>jwi	USB-Stick

Liebe & Sex

Es ist relativ leicht, mit Brasilianer(inne)n Kontakt aufzunehmen. Nicht selten entstehen Freundschaften oder man verliebt sich. Beachten Sie, dass das Wort „Freund(in)" im Deutschen eine doppelte Bedeutung hat, während im Brasilianischen zwei verschiedene Wörter dafür benutzt werden: bloße Freundschaft ohne Sexualität (o amigo u amigu, a amiga a amiga), und der Liebhaber / die Geliebte (o namorado u namoradu, a namorada a namorada).

Den Begriff des „Bekannten" kennt man in Brasilien nicht. Alles sind Freunde, auch wenn es sich in der Regel nur um oberflächliche Bekanntschaften handelt. Will man aber doch so etwas wie „Bekannte(r)" ausdrücken, kann man a / o colega a / u koläga *sagen.*

Viele Brasilianer reden mit Händen und Füßen. Es kann vorkommen, dass eine Frau und ein Mann sich gegenseitig beim Sprechen berühren. Dies ist in den meisten Fällen keine Anmache, sondern Teil einer expressiven Körpersprache.

🎵 **Eu gosto de você.**
eu gòßtu dshi woße
ich (ich-)mag von du
Ich mag dich.

🎵 **Você é muito lindo/a.**
woße ä muĩtu lĩdu / lĩda
du (er-/sie-)ist sehr schön
Du bist sehr hübsch.

🎵 **Você é simpático/a.**
woße ä ßĩpatschiku/-a
du (du-)bist sympathisch

Du bist sympathisch.

Pode me dar o número do seu celular?
pòdshi mi dar u numeru du ßeu ßelular
(er-/sie-)kann mir geben der Nummer vom sein Handy

Kannst du mir deine Handynummer geben?

Quer sair comigo?
kär ßair kumigu
(er-/sie-)will ausgehen mit-mir
Willst du mit mir ausgehen?

Estou apaixonado.
ißto apajschonadu
(ich-)bin verliebt
Ich bin verliebt.

Eu amo você.
eu amu woße
ich (ich-)liebe du
Ich liebe dich.

Gostaria de jantar com você.
goßtaria dshi shãtar kũ woße
(ich-)würde-mögen von Abend-essen mit du
Ich möchte mit dir zu Abend essen.

Vamos ao cinema esta noite?
wamuß au ßinema äßta nojtschi
(wir-)gehen in-der Kino diese Nacht
Gehen wir heute Abend ins Kino?

Você gosta de dançar?
woße goßta dshi dãßar
du (du-)magst von tanzen
Magst du tanzen?

Sou rico e solteiro.
ßo hiku i ßoutejru
(ich-)bin reich und ledig
Ich bin reich und ledig.

Sou livre e desimpedido.
ßo liwri i dshisĩpedshidu
(ich-)bin frei und ungehindert
Ich bin frei und ungebunden.

Quero namorar com você.
käru namorar kũ woße
(ich-)will verlieben mit du
Ich will eine Beziehung mit dir.
(auch = Ich will mit dir schlafen.)

Você usa camisinha?
woße usa kamisĩnja
du (er-/sie-)benutzt Hemdchen
Benutzt du ein Kondom?

Das Kondom heißt o preservativo u preserwatschiwu, umgangssprachlich a camisinha a kamisĩnja, „das Hemdchen". Kondome kann man in Apotheken und Drogerien kaufen.

Falls Sie noch eine Ausrede brauchen:

❧ **Sou casado / casada e tenho seis filhos.**
ßo kas<u>a</u>du / kas<u>a</u>da i t<u>ẽ</u>nju ßejß filjuß
(ich-)bin verheiratet(m/w) und habe sechs Söhne
Ich bin verheiratet und habe sechs Kinder.

❧ **Tenho um bom amigo.**
t<u>ẽ</u>nju ũ bõũ amigu
(ich-)habe ein guter Freund
Ich habe einen guten Freund.

Sex mit Minderjährigen ist in Brasilien streng verboten und wird mit langen Haftstrafen geahndet. Es gibt auch diesbezügliche Fallen zur Erpressung von Ausländern. Lassen Sie sich also im Zweifelsfall immer den Personalausweis zeigen!

Quantos anos você tem?
ku<u>ã</u>tuß <u>a</u>nuß woß<u>e</u> t<u>eĩ</u>
wie-viele Jahre du (sie-)hat
Wie alt bist du?

Posso ver a sua carteira?
pòßu wer a ß<u>u</u>a kart<u>e</u>jra
(ich-)kann sehen die ihre Ausweis
Kann ich deinen Ausweis sehen?

a despedida	a dshißpedsh<u>i</u>da	Abschied
o ciúme	u ß<u>iu</u>mi	Eifersucht
paquerar	paker<u>a</u>r	flirten
divorciado	dshiworß<u>ia</u>du	geschieden
o ódio	u òdshiu	Hass
casar-se	kas<u>a</u>rßi	heiraten
o beijo	u b<u>e</u>jshu	Kuss
beijar	bejsh<u>a</u>r	küssen

a paixão	a pajschãu̱	Leidenschaft
o amor	u amo̱r	Liebe
amar	ama̱r	lieben
gostar (de)	go̱ßta̱r (dshi)	mögen, gerne haben
a pílula	a pi̱lula	(die) Pille
o sexo	u ßä̱kßu	Sex, Geschlecht
o encontro	u ĩko̱u̱tru	Treffen
separar-se	ßepara̱rßi	sich trennen
o abraço	u abra̱ßu	Umarmung
casado	kasa̱du	verheiratet
a noiva	a no̱jwa	Verlobte, Braut
o noivo	u no̱jwu	Verlobter
o carinho	u karĩ̱nju	Zärtlichkeit

Den nebenstehenden Wortschatz benötigen Sie entweder im wahren Leben oder zum Verständnis einer telenovela telinowä̱la, einer der endlosen TV-Serien über Liebe und Intrigen, die aber manchmal durchaus auch gesellschaftskritische Themen ansprechen.

Schwule und Lesben haben es in kleineren Städten schwer, während es in Großstädten wie São Paulo, Rio de Janeiro oder Salvador gut strukturierte Organisationen und eine lebhafte Szene mit Nachtlokalen usw. gibt. Schwule bezeichnet man als gay gej, homossexuais omoßekßuajß oder auch entendidos ĩtẽĩdshiduß („Wissender, Eingeweihter"). Lesben sind lésbicas lä̱sbikaß oder entendidas ĩtẽĩdshi̱daß. Umgangssprachlich nennt man eine Lesbe auch sapatão ßapatã̱u̱ („großer Schuh").

Schimpfen & Fluchen

Der Reichtum des Brasilianischen an Schimpfwörtern und Kraftausdrücken ist schier unerschöpflich. Allein für „Penis" gibt es über 30 gängige Wörter. Für den Anfang wollen wir uns auf das Allerwichtigste beschränken.

	merda, bosta	märda, bòßta	Scheiße
Erstaunen, Verärgerung	**puta merda**	puta märda	Hurenscheiße
Verärgerung	**caralho**	karalju	Penis
Langeweile	**cacete**	kaßetschi	Penis
Langeweile	**saco**	ßaku	Hodensack
Verärgerung	**viado, bicha**	wiadu, bischa	Schwuchtel
	sacana,	ßakana	Drecksack
porra ist ein Ausdruck	**safado**	ßafadu	
der Bewunderung	**sacanagem**	ßakanashēī	miese Aktion
(„wow!"), wird viel-	**porra**	poha	Samen
fach auch nur als	**cagada**	kagada	beschissen, Fehler
bedeutungsloses Füll-			
wort im Satz benutzt.	**canalha**	kanalja	Mistkerl, Kanaille
canalha ist viel	**chato**	schatu	öde, langweilig
schärfer, als es sich im	*flach, Filzlaus*		
Deutschen anhört.	**corno**	kornu	Gehörnter
	droga	dròga	unangenehm
	Droge		*(Sache, Person)*
	pentelho	pēītelju	Nervensäge,
	Schamhaar		Trottel

Schimpfen & Fluchen

Esse cara é muito pentelho.
eßi kara é mũĩtu pẽĩtelju
dieser Kerl ist sehr aufdringlich
Dieser Kerl ist sehr aufdringlich.

Esse restaurante é uma droga.
eßi heßtaurãtschi ä uma dròga
dieser Restaurant ist eine Droge
Dieses Restaurant ist unangenehm.

Vá à merda!
wa a märda
geh zur Scheiße
Verpiss dich!

filho / filha da puta
filju / filja da puta
Sohn / Tochter von-die Hure
Hurensohn / -tochter

Letzteres ist im Landesinneren eine sehr schwere Beleidigung und kann zu Mord und Totschlag führen. In den Metropolen wird es dagegen sogar als flapsige Begrüßung unter alten Freunden angewendet, etwa vergleichbar mit „Na, du altes Arschloch?".

Vá à puta que o pariu!
wa a puta ki u pariu
geh zur Hure was ihn (sie-)gebar
Geh zu der Hure, die dich geboren hat!

Das ist in den allermeisten Fällen eine schwere Beleidigung!

Wenn Sie belästigt werden	
Cafajeste! kafashäßtschi	Zuhältertyp!
Me deixa em paz! mi dejscha ĩ paß	Lass mich in Ruhe!
Basta!, Chega! baßta, schega	Genug!
Não amola! nãũ amòla	Belästige mich nicht!
Bobo!, Besta! bobu, beßta	Dummkopf!
Idiota! idshiòta	Idiot!

Auch Canalha! lässt sich hier anwenden.

Religion

Religion

Brasilien ist das größte katholische Land der Welt. Andererseits wachsen aber gegenwärtig vor allem die evangelikalen Freikirchen. Allein in São Paulo gibt es über 2000 offiziell registrierte Religionsgruppen.

Großen Einfluss haben auch afro-brasilianische Kulte. Ihr Pantheon besteht aus vielen Göttern, die gleichzeitig auch Heilige der katholischen Kirche sind.

Es ist ziemlich unproblematisch, eine neue Religion ordnungsgemäß registrieren zu lassen.

Diese Kulte sind bekannt unter Namen wie umbanda, candomblé, macumba *oder* capoeira *(auch ein Kampfsport). Es lohnt sich, einen* terreiro *(Kultort für afro-brasilianische Zeremonien) zu besuchen.*

🎵 **Que horas começa a missa?**
ki òraß komäßa a mißa
was Stunden (sie-)beginnt die Messe
Wann beginnt die Messe?

🎵 **Onde tem um terreiro de candomblé?**
õũdshi tẽĩ ũ tehejru dshi kãdõũblä
wo (es-)hat ein Kultort von Candomblé
Wo gibt es einen Kultort des Candomblé?

🎵 **Posso participar?**
pòßu partschißipar
(ich-)kann teilnehmen
Darf ich teilnehmen?

🎵 **Quero me converter.**
käru mi küwerter
(ich-)will mich bekehren
Ich möchte konvertieren.

🎵 **Quero fundar uma nova religião.**
käru fũdar uma nòwa helishiãũ
(ich-)will gründen eine neue Religion
Ich möchte eine neue Religion gründen.

Wörterliste Deutsch – Brasilianisch

© Christian Knepper@Embratur

Diese Wörterlisten
enthalten einen
Grundwortschatz von
ca. 1000 Wörtern
(ohne Lautschrift).
Hauptwörter, die auf
-o enden, sind
männlich, die auf
-a sind weiblich.
Wo das Geschlecht der
Hauptwörter nicht
eindeutig abgelesen
werden kann, steht
„(m)" für „männlich"
und „(w)" für „weib-
lich". Eigenschafts-
wörter sind nur in der
männlichen Form
angegeben.

A

abbiegen dobrar;
cruzar
Abend noite (w)
Abendessen janta
Abenteuer aventura
aber mas
Aberglauben
superstição (w)
abfahren sair; partir
Abfall lixo
Abführmittel laxativo
ablehnen rejeitar
Abreise saida;
partida (w)
Abschied despedida
Adresse endereço (m)
Affe macaco
ähnlich parecido
alle todos
alleine só; sozinho
alles tudo
allgemein (em) geral
als (zeitl.) quando
alt velho
Alter idade (w)
Ameise formiga (w)
Amt departamento
an em (na; no)
Ananas abacaxi (m)
anbieten oferecer
andere outros
ändern mudar

Anfang começo
anfangen começar
Angestellter
empregado
Angst medo
anhalten parar
ankommen chegar
Ankunft chegada
anprobieren provar
anschieben empurrar
ansehen examinar
Antwort resposta
antworten responder
anziehen por; vestir
Apfel maçã
Apotheke farmácia
Arbeit trabalho
Arbeiter trabalhador;
operário
arm pobre
Arm braço
Arznei remédio
Arzt médico
Ast galho
auch também
auf sobre; em cima de
Aufenthalt estadia
aufhören parar
aufmachen abrir
aufstehen levantar
Auge olho
Augenblick momento
aus de
Ausgang saída

ausgezeichnet excelente

Auskunft informação (w)

Ausland; Ausländer estrangeiro

Ausnahme exceção

außen de fora

außer menos

außerdem além disso

aussteigen descer; sair

Ausstellung exposição (w)

Auto carro

B

Baby nenê; bebê

Bach riacho

Bäckerei padaria

Bad banheiro

baden tomar banho

Bahnhof estação de trem

bald logo

Banane banana

Bank banco

barfuß descalço

Bart barba

Bauch barriga

Bauer camponês (m)

Baum árvore (w)

Beamter funcionário

bedeuten significar

beenden terminar

Befehl ordem (w)

Behälter recipiente (m)

Behörde(n) autoridade(s)

bei em casa de; em

beide os dois; ambos

Bein perna

Beispiel exemplo

beißen morder

belästigen incomodar

beleidigen ofender

benötigen necessitar

Benzin gasolina

bereit pronto

Berg montanha; monte

Beruf profissão (w)

besichtigen visitar

besitzen ter

besser melhor

bestechen subornar

Besteck talheres (m)

bestellen pedir

Bestellung pedido

Besuch visita

betrunken bêbado

Bett cama

betteln pedir esmola

Bettler mendicante

Bevölkerung população (w)

bevor antes

Beweis prova

bewusst consciente

bezahlen pagar

Bier cerveja

Bild quadro; desenho

billig barato

bis até

bisher até agora

Bitte favor

bitten pedir

bitter amargo

blass pálido

Blatt folha

blau azul

bleiben ficar

blind cego

Blume flor (w)

Bluse blusa

Blut sangue (m)

Bohne feijão (m)

Boot barco

Botschaft embaixada

Brand incêndio

brauchen usar; necessitar

braun castanho; marom

Brief carta

Brille óculos (m)

bringen trazer

Brot pão (m)

Brücke ponte (w)

Bruder irmão (m)

Brust peito

Buch livro

Buchhandlung livraria

Bucht baía; enseada (w)

Büro escritório

Bus ônibus (m)
Butter manteiga

C

Chance oportunidade (w)
Chauvi (Macho) machão
Chef chef (m)
Cholera cólera
Creme creme (m)

D

da alí
Dach telhado
Dampf vapor (m)
danach depois
daneben junto; ao lado
danke (ich danke) obrigado/-a (m/w)
Datum data (w)
Dauer duração (w)
Decke coberta
dein seu
denn pois
deponieren depositar
deutsch alemão (m)
dick gordo
Dieb ladrão (m)
Diebstahl roubo
Dienst serviço
Dienstag terça-feira

dies: d. hier isto; este; esta;
d. dort aquilo; aquela; aquele
Ding coisa
direkt direto
Dolmetscher intérprete (m)
Donnerstag quinta-feira
Doppelzimmer quarto de casal
Dorf povoado
dort alí; lá
Dose lata
draußen fora
Dreck sujeira
drinnen dentro
du você
dumm bobo
dünn fino; magro
durchfahren passar; atravessar
Durchfall diarreia
Dusche chuveiro
Dutzend dúzia

E

echt autêntico
Ecke canto; esquina
egal tanto faz
Ehefrau esposa
Ehemann marido
Ei ovo

eigen próprio
eilig apressado
einige alguns
einkaufen fazer compras
einladen convidar
Einladung convite (m)
einmal uma vez
einsteigen subir; entrar
eintreten entrar
Eintritt entrada
einverstanden de acordo
Einwohner habitante (m)
Einzelzimmer quarto simples
Eis (gefrorenes Wasser) gelo; **(Speise-)** sorvete (m)
Eisenbahn trem (m)
Elend miséria
Eltern pais (m)
empfehlen recomendar
Ende fim (m)
endgültig definitivo
Ente pato
entlassen despedir
Entschädigung indenização
Entschuldigung desculpa
Entzündung inflamação

Erde terra
Erdnuss amendoim
Erfolg sucesso
erhalten receber
erinnern lembrar
Erkältung resfriado
Erklärung explicação (w)
erlauben permitir
Ermäßigung desconto
ernähren alimentar; nutrir
Ernte colheita
Ersatzteil peça de reposição
erst (zuerst) primeiro
erzählen contar
Erzählung conto
Esel burro
essbar comestível
essen comer
Etage andar (m)
etwa mais ou menos
etwas algo

F

Fähre balsa
fahren andar; viajar
Fahrer motorista; condutor
Fahrkarte passagem; bilhete
Fahrrad bicicleta
Fahrt viagem

fallen cair
falsch falso; incorreto; errado
Familie família
fangen pegar
Farbe cor
fast quase
faul (verdorben) podre; **(träge)** preguiçoso
Fehler erro
Feier festa
feige covarde
feilschen regatear
Feld campo
Felsen rocha
Fenster janela
Ferien férias
fern longe
fertig pronto
Fest festa
feucht úmido
Feuer fogo
ficken foder
Fieber febre (w)
Film filme
finden encontrar; achar
Finger dedo
Fisch peixe (m)
Flasche garrafa
Fleisch carne (w)
Fliege mosca
fliehen fugir
Floh pulga
Flughafen aeroporto
Flugzeug avião

Fluss rio
Folge série; consequência
folgen seguir
Frage pergunta
fragen perguntar
Frau mulher (w); **(Dame)** senhora; **frech** malcriado
frei livre
Freiheit liberdade (w)
fremd estranho
Fremder estrangeiro
Freude alegria
Freund amigo
freundlich amável
Friede paz (w)
frieren passar frio
frisch fresco
froh alegre
Frucht fruta
früh cedo
Frühstück café da manhã
fühlen sentir
Führer guia (m)
für para
Furz peido
Fuß pé (m)

G

Gabel garfo
ganz inteiro
gar bem cozido

Garnele camarão (m)
Garten jardim (m)
Gast hóspede (m)
Gatte cônjuge (m)
Gebäude edifício;
  prédio
geben dar
geboren nascido
gebraten frito
Gebühr taxa
Gefahr perigo
gefährlich perigoso
gefallen gostar
Gefallen favor (m)
Gefäß recipiente (m)
Gefühl sentimento
gegen contra
Gegend região (w)
gegenüber em frente
geheim secreto
Geheimnis segredo
gehen ir; andar
Gehirn cérebro
geil tesão
Geist espírito
geizig pão-duro
gekocht cozido
Gelände terreno
geläufig comum
gelb amarelo
Geld dinheiro
gemacht feito
Gemeinde
  comunidade (w)
Gemüse verduras (w)
genau exato

Genehmigung
  autorização (w)
genießen desfrutar;
  gozar
genug suficiente
Gepäck bagagem (w)
geradeaus em frente
gerecht justo
Gericht (Mahl) prato
gern com prazer
Geschäft (Firma)
  negócio;
  (Laden) loja
geschehen acontecer
Geschlechtsteil
  genitálias;
  (männlich) pênis;
  (männlich, vulgär)
  pinto;
  (weiblich) vagina;
  (weiblich, vulgär)
  boceta
geschlossen fechado
Geschmack gosto
Gespräch conversa
gestern ontem
gesund sadio
Gesundheit saúde (w)
Getränk bebida
Gewissen consciência
Gewohnheit costume
  (m)
Glas (Material) vidro;
  (Trink-) copo
gleich igual;
  (zeitl.) logo

Glück sorte (w);
  felicidade (w)
glücklich felíz
Gold ouro
Gott deus (m)
Gras grama
grau cinza
Grill churrasco
Grippe gripe (w)
groß grande
Großmutter avó
Großvater avô
großzügig generoso
grün verde
Grund motivo
Gummi borracha
gut bom;
  (Umstandswort)
  bem
gütig bondoso

H

Haar cabelo; pelo
haben ter
Hafen porto
Hahn galo
Haken gancho
halb meio
Hälfte metade (w)
Hals pescoço, garganta
halten parar;
  halt! pare!
halten (fest-) segurar
Hammer martelo

Hand mão (w)
handeln negociar
Hängematte rede (w)
hart duro
Hass ódio
hässlich feio
Hauptsache principal (m)
Haus casa
Haut pele (w)
heiraten casar
heiß quente
helfen ajudar
hell claro
Hemd camisa
Herberge albergue (m)
herein entre
Herr senhor (m)
herrlich maravilhoso
herstellen produzir; fazer
Herz coração (m)
heute hoje
hier aqui
Hilfe ajuda (w); socorro
Himmel céu
hinter atrás
Hintern bunda
Hitze calor (m)
hoch alto
Hof pátio
Höhle caverna
Holz madeira
hören escutar
Hose calça

hübsch bonito
Hügel morro; colina
Huhn galinha
Hund cão
Hunger fome (w)
hungrig faminto
Husten tosse (w)
Hütte cabana

I

ich eu
Idiot(in) idiota (m/w)
immer sempre
in em; dentro
Infektion infecção (w)
Inhaber proprietário
Inland interior (m)
innen dentro
Insekt inseto
Insel ilha
Interesse interesse
Irrtum engano

J

ja sim
Jacke paletó (m)
Jahr ano
jeder cada
jemand alguém
jetzt agora
Juckreiz coceira
jung jovem

Junge menino

K

Kaffee café (m)
Kai cais (m)
Kakerlake barata
kalt frio
Kamera câmara
Kamm pente (m)
kaputt quebrado; **(Auto)** enguiçado
Karotte cenoura
Karte (Spiel-) carta
Kartenschalter bilheteria
Kartoffel batata
Käse queijo
Kasse caixa
kassieren cobrar
Kater (Suff) ressaca
Katze gato
Kauf compra
kaufen comprar
Käufer comprador
kaum apenas; quase
kein nenhum (m)
keiner ninguém
Kellner garçom (m)
Kellnerin garçonete (w)
kennen conhecer
Keramik cerâmica
Kerl cara (m)
Kerze vela
Kilogramm quilo

Kilometer quilômetro
Kind criança
Kino cinema (m); cine (m)
Kirche igreja
Kissen (Kopf-) travesseiro; **(Sofa-)** almofada
klar claro
Klasse classe (w)
Kleid vestido
Kleidung roupas
klein pequeno
klettern trepar; subir
klug esperto; vivo; sábio
Kneipe bar (m); lanchonete (w)
Knie joelho
Knoblauch alho
Knopf botão (m)
Koch cozinheiro
kochen cozinhar
Koffer mala
Kohl couve (w)
kommen vir
Kondom camisinha
können poder
Kopf cabeça
Kopfschmerzen dor de cabeça
Koralle coral (m)
Korb cesto
Körper corpo
korrupt corrupto

Kosten custos (m); gastos (m)
Krabbe camarão (m)
kräftig forte
krank doente
Krankenhaus hospital (m); clínica
Krankheit doença
Krebs (Tier) siri (m); caranguejo
Krieg guerra
Küche cozinha
Kuchen bolo
Kuh vaca
kühl frio
Kühlschrank geladeira
Kunde freguês (m)
Kunst arte (w)
Kürbis abóbora
kurz curto
Kuss beijo
küssen beijar
Küste litoral; costa

L

lachen rir
laden (auf-) carregar
Laden loja
Lager depósito; **(Zelt-)** acampamento
Lampe lâmpada
Land terra(s); **(polit.)** país (m)
Landkarte mapa (m)

Landwirtschaft agricultura
lang longo
langsam lento; **(Umstandswort)** devagar
langweilig chato
Lappen pano; trapo
Lärm barulho
lassen deixar
laufen correr
laut alto
leben viver
Leben vida
Lebensmittel alimentos; víveres (m)
Leber fígado
lecker gostoso
Leder couro
ledig solteiro
leer vazio
legen (hin-) deitar
Lehrer professor (m)
leicht (Gewicht) leve; **(einfach)** fácil; simples
leiden sofrer
leider infelizmente
leihen emprestar
leise silencioso
lesen ler
letzter último
Leute gente (w Ez)
Licht luz (w)
lieben amar; **(mögen)** gostar

Wörterliste Deutsch – Brasilianisch

Lied canção (w)
Limone limão (galego) (m)
links esquerda
Liter litro
Loch buraco
Löffel colher (w)
Lohn salário
Luft ar (m)
Lüge mentira
Lust prazer (m)
lustig divertido

M

machen fazer
Machete (Busch-messer) facão (m)
Mädchen menina
Magen estômago
Mahlzeit refeição (w)
Mais milho
mal vez
manchmal as vezes
Mango manga
Mann homem (m)
Mannschaft equipe (w)
Markt feira; mercado
Maschine máquina
Matte esteira
Maul boca
Maus camondongo
Medizin medicina
Meer mar (m)
Mehl farinha

mehr mais
meiden evitar
mein/e meu (m); minha (w)
Meinung opinião (w)
Menge quantidade (w)
Menschen pessoas (w); gente (w Ez)
Messer faca
Miete aluguel (m)
Mieter inquilino
Milch leite (m)
minus menos
Minute minuto
mit com
mitkommen ir junto
Mittag (12 Uhr) meio-dia
Mittagessen almoço
Mitte meio
Mitternacht meia-noite (w)
Mittwoch quarta-feira
mögen gostar
möglich possível
Moment momento
Monat mês (m)
Mond lua
Montag segunda-feira
morgen amanhã
Morgen manhã
Moskitonetz mosquiteiro
Motorboot barco a motor
Möwe gaivota

Mücke mosquito
müde cansado
Mühe esforço
Müll lixo
Mund boca
Muschel concha
Musik música
Muskel músculo
müssen precisar
mutig corajoso
Mutter mãe (w)
Mütze boina

N

nach (Richtung) para; (zeitl.) depois
Nachbar vizinho
nachher depois
Nachmittag tarde (w)
nächster próximo
Nacht noite (w)
Nachtlokal boate (w)
nackt nu
Nadel agulha
nahe perto
nahrhaft nutritivo
Narbe cicatriz (w)
Nase nariz (m)
nass molhado
Natur natureza
natürlich natural
Nebel neblina
neben ao lado
nehmen pegar; tomar

nein não
nett amável; simpático
Netz rede (w)
neu novo
nicht não
nichts nada
nie nunca
niemand ninguém
Norden norte (m)
Notfall caso de emergência
nötig necessário
Null zero
Nummer número
nun agora; pois
nur só; somente
Nutzen proveito

O

oben em cima
Obst frutas
oder ou
offen aberto
öffentlich público
öffnen abrir
oft muitas vezes; frequentemente
ohne sem
Ohnmacht desmaio
Ohr ouvido
Öl óleo
Orange laranja
Ort lugar (m)
Ortschaft lugarejo

Osten este (m)

P

Paar par (m)
Paket pacote (m)
Palme palmeira
Papier papel (m)
Partei partido
Pass passaporte (m)
Passagier passageiro
peinlich desagradável; chato
Person pessoa (w)
persönlich pessoal
Pfad picada
Pfanne frigideira
Pfeffer pimenta
Pferd cavalo
Pflanze planta
Pflicht obrigação (w)
Pille pílula
Pilz cogumelo
pinkeln mijar
Pistole pistola
Platz lugar (m); praça
plaudern bater papo
plötzlich de repente
plus mais
Po nádegas (w)
Polizei polícia
Postamt agência do correio

Postkarte cartão postal (m)
Preis preço
Profit lucro
Proviant mantimentos (Mz)
prüfen examinar; provar

Q

Qual sofrimento
Qualle água-viva
Quatsch besteira (w)
Quelle fonte (w)
Quittung recibo; conta

R

Rabatt desconto
Rad roda;
  R. fahren andar de bicicleta
Radau zorra; barulho
Ramsch bagulho
Rand beira; margem
rasch rápido
rasieren barbear
Rast descanso; pouso
Ratte rato
Raub roubo
Räuber ladrão (m)
Rauch fumaça
rauchen fumar

Raum espaço;
  (Zimmer) quarto
Rechnung conta
Recht direito; razão (w)
rechts direita
Rede discurso
reduziert reduzido
Regen chuva
Regenschirm
  guarda-chuva
Regenzeit época
  de chuvas
Regierung governo
regnen chover
reich rico
reif maduro
Reis arroz (m)
Reise viagem (w)
Reisender viajante (m)
rennen correr
reparieren consertar
Rest resto
Rezept receita
richtig certo; correto
riechen cheirar
Rind vaca; boi; gado
Rindfleisch carne
  de boi / vaca
Riss rasgo
roh cru
Rose rosa
rot vermelho
Rücken costas
Rucksack mochila
rufen chamar

Ruhe tranquilidade (w);
  silêncio
ruhen descansar
ruhig calmo
Ruhr (Krankheit)
  desinteria
Rührei ovo mexido

S

Sache coisa
Saft suco
sagen dizer
Salat salada
Salz sal (m)
Sandalen sandálias
Sandwich
  sanduíche (m)
satt satisfeito
sauber limpo
säubern limpar
sauer azedo
Schach xadrez
Schachtel caixa
schade pena
schaden prejudicar
Schaden dano
Schaffner cobrador (m)
Schale casca
Schalter guichê (m)
Scham vergonha
Schatten sombra
schauen olhar
Schaufel pá
Scheck cheque (m)

schenken dar de
  presente
Schere tesoura
Scherz gozação
schicken enviar;
  mandar
Schicksal destino
Schiff navio; barco
Schild (Verkehrs-)
  sinal (m);
  (Werbe-) cartaz (m)
schlafen dormir
Schlafzimmer quarto
  de dormir
schlagen bater
Schlange cobra
schlecht mau (m);
  má (w)
schließen fechar
Schlüpfer calcinha
Schlüssel chave (w)
Schmerz dor (w)
schmerzhaft dolorido
Schmerzmittel
  analgésico
Schmuck jóias (Mz)
Schnaps pinga;
  aguardente (w)
Schneider alfaiate (m)
schnell rápido
Schnur barbante (m)
schon já
schön bonito
Schönheit beleza (w)
Schrank armário
schrecklich terrível

schreiben escrever
schreien gritar
Schuh sapato
Schule escola
Schüler aluno
Schuster sapateiro
Schutz proteção (w)
schwach fraco
Schwager cunhado
Schwägerin cunhada
schwanger grávida (w)
Schwanz rabo; cauda
schwarz preto
Schwarzer negro; preto
Schwarzmarkt mercado negro
Schwein porco
schwer (Gewicht) pesado
Schwester irmã (w)
schwierig difícil
schwimmen nadar; boiar
Schwindler malandro; sacana
schwitzen suar
See lago; lagoa
Seeigel ouriço do mar
Seekrankheit enjoo
Seele alma
Segel vela
Segelboot barco a vela
sehen ver
sehr muito
seicht raso

Seife sabonete (m); sabão (m)
sein (Verb) ser; estar
seit desde
Seite lado
selbst mesmo
selten raramente
seltsam estranho
senden enviar; mandar
setzen sentar
sicher seguro
sie (Ez.) ela;
Sie (höfl.) o senhor, a senhora
sieden ferver
Silber prata
singen cantar
Sinn sentido
Sitz assento
Sitzplatz lugar sentado; poltrona
Slum favela
so assim; tão
Socken meias
sofort imediatamente
sogar até
Sohn filho
Soldat soldado
Sonnabend sábado
Sonne sol (m)
Sonnenaufgang aurora
Sonnenuntergang por do sol (m)
Sonntag domingo
Sorte espécie (w)

Soße molho
Spaß brincadeira
Speise comida
Speisekarte cardápio
Spiegel espelho
Spiegelei ovo frito
Spiel jogo
Spinne aranha
spitz agudo
Sport esporte (m)
Sprache língua; idioma
sprechen falar
Stadt cidade (w)
stark forte
Staub pó m; poeira
steil íngreme
Stein pedra
Stern estrela
Stich picada
Stiefel bota (w)
still quieto
Stimme voz (w)
stinken feder
Stock bastão (m)
Stoff pano
stolz orgulhoso
Stolz orgulho
stören atrapalhar
Strand praia
Straße (Stadt) rua; **(Land-)** estrada; **(Weg)** caminho
Strecke (Reise) trajeto; **(Stück)** trecho
streicheln acariciar

Streichholz
  fósforos (m)
Streik greve (w)
Streit briga
Strömung corrente (w)
Strumpf meia
Stück pedaço
Stuhl cadeira
Stunde hora
Sturm tempestade (w)
suchen procurar
Süden sul (m)
Sumpf pântano
Suppe sopa
süß, Süßigkeit doce
  (m)
Swimmingpool piscina

T

Tabak fumo
Tablette comprimido
Tag dia (m)
Tagebuch diário
täglich diariamente
Tal vale (m)
Tank tanque (m)
Tankstelle posto de
  gasolina
Tante tia
Tanz dança
tanzen dançar
Tasche bolsa;
  (Hosen-) bolso

Taschendieb batedor
  de carteira
Taschenlampe
  lanterna
Taschentuch lenço
Tasse xícara
Täter autor (m)
Taube pomba
tauchen mergulhar
tauschen trocar
Tee chá (m)
Teich lago; açude
Teil peça, parte (w)
Teller prato
Termin hora marcada
teuer caro
Teufel diabo
tief fundo
Tier animal (m)
Tisch mesa
Tochter filha
Tod morte (w)
Toilette banheiro
Topf panela
tot morto
Touristenbüro agência
  de turismo
tragen carregar
traurig triste
treffen encontrar
trinken beber
Trinkgeld gorjeta
trocken seco
Tuch pano
tun fazer
Tür porta

Tüte saco

U

über sobre; em cima
überall em todas
  partes
überfüllt lotado;
  repleto
übermorgen depois de
  amanhã
überqueren atravessar
Überraschung
  surpresa
überreden convencer
überweisen transferir
überzeugt convencido
üblich comum; usual
Übung treino
Ufer margem (w)
Uhr (Gegenst.) relógio
Uhrzeit hora
umgekehrt inverso
umkehren voltar
Umschlag
  envelope (m)
umsonst de graça;
  gratuito
Umwelt meio ambiente
**umziehen (Wohnort
  wechseln)** mudar;
  sich u. trocar
unbekannt
  desconhecido
unbequem incômodo

unbewusst
  inconsciente
und e
Unfall acidente (m)
unfreundlich
  desagradável
ungefähr mais ou
  menos
ungerecht injusto
Unglück acidente (m)
Unkosten despesas
  (w)
unmöglich impossível
uns nós
unschuldig inocente
unser nosso
Unsinn besteira (w)
unten embaixo
unter debaixo; sob
unterdrückt reprimido
Unterhemd camiseta
Unterkunft moradia
Unterschied diferença
unterschiedlich
  diferente
unterschreiben
  assinar
Unterschrift
  assinatura
unterstützen apoiar
Unterstützung apoio
unumgänglich
  imprescindível
unverantwortlich
  irresponsável

unverschämt
  sem vergonha
Unwissenheit
  ignorância
Urin urina
urinieren urinar
Ursache causa
Urwald floresta; selva

V

Vagabund vagabundo
Vater pai (m)
verachten desprezar
verantwortlich
  responsável
veräppeln embromar
verbessern melhorar
verboten proibido
verbrennen queimar
verdorben (Obst)
  estragado
vergessen esquecer
vergewaltigen
  violentar
vergleichen comparar
verheiratet casado
Verhütungsmittel
  anticoncepcional
Verkauf venda
Verkäufer
  vendedor (m)

Verkehr trânsito;
  tráfego;
  (Sex) relações
  (sexuais)
verlängern prolongar
verlassen abandonar;
  partir
verletzt ferido
verlieben enamorar
verlieren perder
verloren perdido
Verlust perda
vermeiden evitar
vermissen sentir falta
  de
vermuten supor
verpacken embrulhar
verrückt louco
verschaffen arranjar
verschieden diferente
verschwinden
  desaparecer
Verspätung atraso
versprechen prometer
Versprechen
  promessa
verstehen entender;
  compreender
Versuch tentativa
versuchen tentar
verteidigen defender
verteilen distribuir
Vertrag contrato
vertrauen confiar
Vertrauen confiança
verwandt parente

verzeihen perdoar
Verzeihung perdão (m)
verzollen
   pagar alfândega
Vieh gado
viel muito
vielleicht talvez
Vogel ave; pássaro
Volk nação; povo
voll cheio
von de
vor (räuml.) na frente;
  (zeitl.) antes
vorher antes
vorhin faz pouco
Vorletzter penúltimo
Vorliebe preferência
Vormittag manhã
vorn na frente
Vorsicht cuidado
vorsichtig cuidadoso
vorstellen apresentar
Vorurteil preconceito
vorwärts para frente
vulgär vulgar; ordinário

W

Waffe arma
Wagen carro
Wahl (Auswahl)
  escolha;
  (polit.) eleição
wahr verdadeiro
während durante

Wahrheit verdade (w)
Währung moeda
Wald mato; floresta
Wand parede
wann? quando?
Ware mercadoria
warm quente
warten esperar
warum? por quê?
was? o quê ...?
Wäsche roupa
waschen lavar
Wasser água
Wasserfall catarata;
  cachoeira
Wasserhahn torneira
Wechselkurs
  taxa de câmbio
wechseln (Geld) trocar
wecken acordar
Weg caminho
wegen por causa de
weich mole
Wein vinho
weinen chorar
weiß branco
weit longe
Weizen trigo
Welle onda
Welt mundo
wenig pouco
wenn se; quando
wer? quem?
werden ser
Werk obra;
  (Industrie) fábrica

Wert valor (m)
Westen oeste (m)
Wetter tempo
wichtig importante
wie? como?;
  w. viel? quanto?
wieder outra vez
wiederholen repetir
wild selvagem
Wind vento
wir nós
wirklich (Umstandsw.)
  realmente
wissen saber
Witz piada
wo? onde?
Woche semana
woher? de onde?
wohin? para onde?
Wohlbefinden
  bem estar (m)
wohlschmeckend
  saboroso
wohnen morar
Wohnung moradia
Wolke nuvem (w)
Wolle lã
wollen querer
Wort palavra
Wörterbuch dicionário
Wunde ferida
Wunsch desejo
wünschen desejar
Würfel dado
Wurm verme (m)
Wurzel raíz (w)

Wörterliste Deutsch – Brasilianisch

Wüste deserto
Wut raiva
wütend raivoso

Z

Zahl número
zählen contar
Zahn dente (m)
Zahnarzt dentista (m)
Zahnbürste escova de dentes
Zahnpasta pasta de dentes
Zahnschmerzen dor de dentes
Zaun cerca
Zeh dedo do pé
zeigen mostrar

Zeit tempo
Zeitung jornal (m); diário
Zelt tenda
Zentrale central (w)
zerstören destruir
Ziege cabra
ziehen puxar
Ziel meta
Zigarette cigarro
Zigarre charuto
Zimmer quarto
Zitrone limão (siciliano) (m)
Zoll alfândega
zu (geschlossen) fechado;
(bis zu) para, até;
(sehr, viel) demais
Zucker açúcar (m)

zuerst primeiro
zufrieden satisfeito
Zug trem (m)
zuhören escutar
zuletzt último
Zunge língua
zurückkehren voltar
zusammen juntos
Zuschlag sobretaxa
Zustand estado
Zweck finalidade (w)
Zweifel dúvida
Zwiebel cebola
zwischen entre

Wörterliste Brasilianisch – Deutsch

A

abacaxi (m) Ananas
abandonar verlassen
aberto offen
abóbora Kürbis
abrir öffnen
acampamento
  (Zelt-)Lager
acariciar streicheln
achar finden
acidente (m) Unglück;
  Unfall
acontecer geschehen
acordar wecken
acordo: de a.
  einverstanden
açúcar (m) Zucker
açude Teich
aeroporto Flughafen
agência: a. de turismo
  Touristenbüro;
  a. do correio
  Postamt
agora jetzt; nun
agricultura
  Landwirtschaft
água Wasser
água-viva Qualle
aguardente (w)
  Schnaps
agudo spitz
agulha Nadel
ajuda (w) Hilfe

ajudar helfen
albergue (m) Herberge
alegre froh
alegria Freude
além: a. disso
  außerdem
alemão (m) deutsch
alfaiate (m) Schneider
alfândega Zoll;
  pagar a. verzollen
algo etwas
alguém jemand
alguns einige
alho Knoblauch
alí dort; da
alimentar ernähren
alimentos
  Lebensmittel
alma Seele
almoço Mittagessen
almofada
  (Sofa-)Kissen
alto laut; hoch
aluguel (m) Miete
aluno Schüler
amanhã morgen;
  depois de a.
  übermorgen
amar lieben
amarelo gelb
amargo bitter
amável freundlich; nett
ambos beide
amendoim Erdnuss

amigo Freund
analgésico
  Schmerzmittel
andar fahren; gehen;
  a. de bicicleta
  Rad fahren
andar (m) Etage
animal (m) Tier
ano Jahr
antes bevor; vorher;
  vor (zeitl.)
anticoncepcional
  Verhütungsmittel
apenas kaum
apoiar unterstützen
apoio Unterstützung
apresentar vorstellen
apressado eilig
aquela (w) dies dort
aquele (m) dies dort
aqui hier
aquilo dies dort
ar (m) Luft
aranha Spinne
arma Waffe
armário Schrank
arranjar verschaffen
arroz (m) Reis
arte (w) Kunst
árvore (w) Baum
assento Sitz
assim so
assinar
  unterschreiben

assinatura
  Unterschrift
até bis (zu); sogar;
  a. agora bisher
atrapalhar stören
atrás hinter
atraso Verspätung
atravessar
  durchfahren;
  überqueren
autêntico echt
autor (m) Täter
autoridade(s)
  Behörde(n)
autorização (w)
  Genehmigung
ave Vogel
aventura Abenteuer
avião Flugzeug
avó Großmutter
avô Großvater
azedo sauer
azul blau

B

bagagem (w) Gepäck
bagulho Ramsch
baía Bucht
baixo niedrig;
  em b. unten
balsa Fähre
banana Banane
banco Bank; Sitzbank
banheiro Bad; Toilette

bar (m) Kneipe
barata Kakerlake
barato billig
barba Bart
barbante (m) Schnur
barbear rasieren
barco Boot; Schiff;
  b. a motor Motorboot;
  b. a vela Segelboot
barriga Bauch
barulho Lärm; Radau
bastão (m) Stock
batata Kartoffel
batedor de carteira
  Taschendieb
bater schlagen;
  b. papo plaudern
bêbado betrunken
bebê Baby
beber trinken
bebida Getränk
beijar küssen
beijo Kuss
beira Rand
beleza (w) Schönheit
bem gut;
  b. estar Wohlbefinden
besteira (w) Unsinn
bicicleta Fahrrad
bilhete Fahrkarte
bilheteria
  Kartenschalter
blusa Bluse
boate (w) Nachtlokal
bobo dumm
boca Mund; Maul

boceta Möse (vulg.)
boi Rind
boiar schwimmen
boina Mütze
bolo Kuchen
bolsa Tasche
bolso (Hosen-)Tasche
bom gut
bondoso gütig
bonito hübsch; schön
borracha Gummi
bota (w) Stiefel
botão (m) Knopf
braço Arm
branco weiß
briga Streit
brincadeira Spaß
bunda Hintern
buraco Loch
burro Esel

C

cabana Hütte
cabeça Kopf
cabelo Haar
cabra Ziege
cachaça Schnaps
cada jeder
cadeira Stuhl
café (m) Kaffee;
  c. da manhã
  Frühstück
cair fallen
cais (m) Kai

A–Z Wörterliste Brasilianisch – Deutsch

caixa Kasse; Schachtel
calça Hose
calcinha Schlüpfer
calmo ruhig
calor (m) Hitze
cama Bett
câmara Kamera
camarão (m) Krabbe; Garnele
caminho Weg; Straße
camisa Hemd
camiseta Unterhemd
camisinha Kondom
camondongo Maus
campo Feld
camponês (m) Bauer
canção (w) Lied
cansado müde
cantar singen
canto Ecke
cão Hund
cara (m) Kerl
caranguejo Krebs (Tier)
cardápio Speisekarte
carne (w) Fleisch
caro teuer
carregar (auf)laden; tragen
carro Auto; Wagen
carta Brief; (Spiel-)Karte
cartão: c. postal (m) (Post-)Karte
cartaz (m) (Werbe-)Schild

casa Haus; **em c. de** bei
casado verheiratet
casar heiraten
casca Schale
caso: c. de emergência Notfall
castanho braun
catarata Wasserfall
cauda Schwanz
causa: por c. de wegen
cavalo Pferd
caverna Höhle
cebola Zwiebel
cedo früh
cego blind
cenoura Karotte
central (w) Zentrale
cerâmica Keramik
cerca Zaun
cérebro Gehirn
certo richtig
cerveja Bier
cesto Korb
céu Himmel
chá (m) Tee
chamar rufen
charuto Zigarre
chato langweilig; peinlich
chave (w) Schlüssel
chef (m) Chef
chegada Ankunft
chegar ankommen
cheio voll
cheirar riechen

cheque (m) Scheck
chorar weinen
chover regnen
churrasco Grill
chuva Regen
chuveiro Dusche
cicatriz (w) Narbe
cidade (w) Stadt
cigarro Zigarette
cima: em c. oben
cine(ma) (m) Kino
cinza grau
claro klar; hell
classe (w) Klasse
clínica (w) Krankenhaus
coberta Decke
cobra Schlange
cobrador (m) Schaffner
cobrar kassieren
coceira Juckreiz
cogumelo Pilz
coisa Ding; Sache
cólera Cholera
colheita Ernte
colher (w) Löffel
colina Hügel
com mit
começar anfangen
começo Anfang
comer essen
comestível essbar
comida Speise
como wie
comparar vergleichen

compra Kauf;
  fazer compras
  einkaufen
comprador Käufer
comprar kaufen
compreender
  verstehen
comprimido Tablette
comum geläufig;
  üblich
comunidade (w)
  Gemeinde
concha Muschel
condutor Fahrer
confiança Vertrauen
confiar vertrauen
conhecer kennen
cônjuge (m) Gatte
consciência Gewissen
consciente bewusst
consequência Folge
consertar reparieren
conta Rechnung;
  Quittung
contar erzählen;
  zählen
conto Erzählung
contra gegen
contrato Vertrag
convencido überzeugt
conversa Gespräch
convidar einladen
convite (m) Einladung
copo (Trink-)Glas
cor Farbe
coração (m) Herz

corajoso mutig
coral (m) Koralle
corpo Körper
corrente (w) Strömung
correr laufen; rennen
correto richtig
corrupto korrupt
costa Küste
costas Rücken
costume (m)
  Gewohnheit
couro Leder
couve (w) Kohl
cozido gekocht;
  bem c. gar
cozinha Küche
cozinhar kochen
cozinheiro Koch
criança Kind
cru roh
cruzar abbiegen
cuidado Vorsicht
cuidadoso vorsichtig
cunhada Schwägerin
cunhado Schwager
curto kurz
custos (m) Kosten

D

dado Würfel
dança Tanz
dançar tanzen
dano Schaden

dar geben;
  d. de presente
  schenken
data (w) Datum
de aus; von
debaixo (de) unter
dedo Finger;
  d. do pé Zeh
defender verteidigen
definitivo endgültig
deitar (hin)legen
deixar lassen
demais zu viel
dente (m) Zahn
dentista (m) Zahnarzt
dentro in; innen
departamento Amt
depois danach; nach
  (zeitl.)
depositar deponieren
depósito Lager
desagradável
  unfreundlich
desaparecer
  verschwinden
descalço barfuß
descansar ruhen
descanso Rast
descer aussteigen
desconhecido
  unbekannt
desconto Ermäßigung
desculpa
  Entschuldigung
desde seit
desejar wünschen

desejo Wunsch
desenho Bild
deserto Wüste
desfrutar genießen
desinteria Ruhr
  (Krankheit)
desmaio Ohnmacht
despedida Abschied
despedir entlassen
despesas (w) Unkosten
desprezar verachten
destino Schicksal
destruir zerstören
deus (m) Gott
devagar langsam
  (Umstandsw.)
dia (m) Tag
diabo Teufel
diariamente täglich
diário Zeitung;
  Tagebuch
diarreia Durchfall
dicionário Wörterbuch
diferença Unterschied
diferente verschieden
difícil schwierig
dinheiro Geld
direita rechts
direito Recht
direto direkt
discurso Rede
distribuir verteilen
divertido lustig
dizer sagen
dobrar abbiegen
doce süß

doce (m) Süßigkeit
doença Krankheit
doente krank
dolorido schmerzhaft
domingo Sonntag
dor (w) Schmerz;
  d. de cabeça
  Kopfschmerzen;
  d. de dentes
  Zahnschmerzen
dormir schlafen
duração (w) Dauer
durante während
duro hart
dúvida Zweifel
dúzia Dutzend

E

e und
edifício Gebäude
educação (w)
  Erziehung
ela (Ez) sie
eleição Wahl (polit.)
em in; bei; an
embaixada Botschaft
embarcar einschiffen
embromar veräppeln
embrulhar verpacken
empregado Angestellter
emprestar leihen
empurrar anschieben
enamorar verlieben

encontrar finden;
  treffen
endereço (m) Adresse
engano Irrtum
enguiçado kaputt
  (Auto)
enjoo Seekrankheit
enseada (w) Bucht
entender verstehen
entrada Eintritt
entrar eintreten
entre zwischen
envelope (m) Umschlag
enviar schicken
época: é. de chuvas
  Regenzeit
equipe (w) Mannschaft
errado falsch
erro Fehler
escola Schule
escolha Wahl
escova Bürste;
  e. de dentes
  Zahnbürste
escrever schreiben
escritório Büro
escutar (zu)hörenn
esforço Mühe
espaço Raum
espécie (w) Sorte
espelho Spiegel
esperar warten
esperto klug
espírito Geist
esporte (m) Sport
esposa Ehefrau

esquecer vergessen
esquerda (w) links
esquina Ecke
esta diese hier
estação: e. de trem
  Bahnhof
estadia Aufenthalt
estado Zustand
estar sein (Verb)
este dieser hier
este (m) Osten
esteira Matte
estômago Magen
estrada (Land-)Straße
estrangeiro Ausländer;
  Ausland
estranho fremd;
  seltsam
estrela Stern
eu ich
evitar vermeiden
examinar prüfen
exato genau
exceção Ausnahme
excelente
  ausgezeichnet
exemplo Beispiel
explicação (w)
  Erklärung
exposição (w)
  Ausstellung

F

fábrica Werk
  (Industrie)
faca Messer
facão (m) Machete
fácil einfach
falar sprechen
falso falsch
família Familie
faminto hungrig
farinha Mehl
farmácia Apotheke
favela Slum
favor Bitte; Gefallen
fazer tun; machen
febre (w) Fieber
fechar schließen
feder stinken
feijão (m) Bohne
feio hässlich
feira Markt
feito gemacht
felicidade (w) Glück
felíz glücklich
férias Ferien
ferida Wunde
ferido verletzt
festa Fest; Feier
ficar bleiben
fígado Leber
filha Tochter
filho Sohn
filme Film
fim (m) Ende
fino dünn

flor Blume
floresta (Ur-)Wald
foder ficken (vulg.)
fogo Feuer
folha Blatt
fome (w) Hunger
fonte (w) Quelle
fora draußen;
  de f. außen
formiga (w) Ameise
forte kräftig
fósforos (m)
  Streichholz
fraco schwach
freguês (m) Kunde
frente: em f.
  geradeaus;
  na f. vor (räuml.);
  para f. vorwärts
frequentemente
  oftmals
fresco frisch
frigideira Pfanne
frio kalt; kühl
frito gebraten
fruta Frucht
fugir fliehen
fumar rauchen
fumo Tabak
funcionário Beamter
fundo tief

G

gado Vieh; Rind

Wörterliste Brasilianisch – Deutsch

gaivota Möwe
galho Ast
galinha Huhn
galo Hahn
gancho Haken
garçom (m) Kellner
garçonete (w) Kellnerin
garfo Gabel
garganta Hals (Kehle)
garrafa Flasche
gasolina Benzin
gastos (m) Kosten
gato Kater
geladeira Kühlschrank
gelo Eis (gefr. Wasser)
generoso großzügig
genitálias
 Geschlechtsteil
gente (w Ez) Leute
geral allgemein
gordo dick
gorjeta Trinkgeld
gostar mögen
gosto Geschmack
gostoso lecker
governo Regierung
gozação Scherz
gozar genießen
graça: de g. umsonst
grama Gras
grande groß
gratuito umsonst
grávida (w) schwanger
greve (w) Streik
gripe (w) Grippe
gritar schreien

guarda-chuva
 Regenschirm
guerra Krieg
guia (m) Führer
guichê (m) Schalter

H

habitante (m)
 Einwohner
hoje heute
homem (m) Mann
hora Stunde; Uhrzeit;
 h. marcada Termin
hóspede (m) Gast
hospital (m)
 Krankenhaus

I

ida Hinfahrt, -reise
idade (w) Alter
ideia (w) Idee
idioma (m) Sprache
idiota (m/w) Idiot(in)
ignorância
 Unwissenheit
igreja Kirche
igual gleich
ilha Insel
imediatamente sofort
importante wichtig
impossível unmöglich

imprescindível
 unumgänglich
incêndio Brand
incomodar belästigen
incômodo unbequem
inconsciente
 unbewusst
incorreto falsch
indenização
 Entschädigung
infecção Infektion
infelizmente leider
inflamação
 Entzündung
informação (w)
 Auskunft
íngreme steil
injusto ungerecht
inocente unschuldig
inquilino Mieter
inseto Insekt
inteiro ganz
interesse Interesse
interior (m) Inland
intérprete (m)
 Dolmetscher
inverso umgekehrt
ir gehen;
 i. junto mitkommen
irmã (w) Schwester
irmão (m) Bruder
isto dies hier

J

já schon
jaca Brotfrucht
janela Fenster
janta Abendessen
jantar zu Abend essen
jardim (m) Garten
joelho Knie
jogo Spiel
jóias (Mz) Schmuck
jornal (m) Zeitung
jovem jung
junto daneben
juntos zusammen
justo gerecht

L

lá dort
lã Wolle
lado Seite;
  ao l. (da)neben
ladrão (m) Dieb;
  Räuber
lago See; Teich
lagoa See
lâmpada Lampe
lanche (m)
  Zwischenmahlzeit
lanchonete (w) Kneipe
lanterna
  Taschenlampe
laranja Orange
lata Dose

lavar waschen
laxativo Abführmittel
leite (m) Milch
lembrar erinnern
lenço Taschentuch
lento langsam
ler lesen
levantar aufstehen
leve leicht
liberdade (w) Freiheit
limão (m) Zitrone,
  Limone
limpar säubern
limpo sauber
língua Zunge; Sprache
litoral Küste
litro Liter
livraria Buchgeschäft
livre frei
livro Buch
lixo Müll; Abfall
logo bald
loja Laden
longe fern; weit
longo lang
lotado überfüllt
louco verrückt
lua Mond
lucro Profit
lugar (m) Ort, Platz;
  l. sentado Sitzplatz
lugarejo Ortschaft
luz (w) Licht

M

má (w) schlecht
maçã Apfel
macaco Affe
machão Chauvi, Macho
madeira Holz
maduro reif
mãe (w) Mutter
magro dünn
mais mehr; plus;
  m. ou menos
  ungefähr
mala Koffer
malandro Schwindler
malcriado frech
mandar schicken
manga Mango
manhã Morgen;
  Vormittag
manteiga Butter
mantimentos (Mz)
  Proviant
mão (w) Hand
mapa (m) Landkarte
máquina Maschine
mar (m) Meer
maravilhoso herrlich
margem Rand; Ufer
marido Ehemann
marrom braun
martelo Hammer
mas aber
mato Wald
mau (m) schlecht
medicina Medizin

médico Arzt
medo Angst
meia Strumpf
meia-noite (w)
 Mitternacht
meio halb; Mitte;
 m. ambiente Umwelt
meio-dia Mittag
 (12 Uhr)
melhor besser
melhorar verbessern
mendicante Bettler
menina Mädchen
menino Junge
menos außer; minus
mentira Lüge
mercado Markt;
 m. negro
 Schwarzmarkt
mercadoria Ware
mergulhar tauchen
mês (m) Monat
mesa Tisch
mesmo selbst
meta Ziel
metade (w) Hälfte
meu (m) mein
mexer (be)rühren
mijar pinkeln
milho Mais
minha (w) meine
minuto Minute
miséria Elend
mochila Rucksack
moeda Währung
mole weich

molhado nass
molho Soße
momento Augenblick
montanha Berg
monte Berg
moradia Wohnung
morar wohnen
morder beißen
morro Hügel
morte (w) Tod
morto tot
mosca Fliege
mosquiteiro
 Moskitonetz
mosquito Mücke
mostrar zeigen
motivo Grund
motorista Fahrer
mudar ändern;
 m. (de) umziehen
muito sehr; viel
mulher (w) Frau
mundo Welt
músculo Muskel
música Musik

N

nação Volk
nada nichts
nadar schwimmen
nádegas (w) Po
não nein; nicht
nariz (m) Nase
nascido geboren

natural natürlich
natureza Natur
navio Schiff
neblina Nebel
necessário nötig
necessitar brauchen
negociar handeln
negócio Geschäft
negro Schwarzer
nenê Baby
nenhum (m) kein
ninguém keiner;
 niemand
noite (w) Nacht; Abend
norte (m) Norden
nós wir; uns
nosso unser
novo neu
nu nackt
número Nummer; Zahl
nunca nie
nutrir ernähren
nutritivo nahrhaft
nuvem (w) Wolke

O

obra Werk
obrigação (w) Pflicht
obrigado (-a) danke
óculos (m) Brille
ódio Hass
oeste (m) Westen
ofender beleidigen
oferecer anbieten

óleo Öl
olhar schauen, gucken
olho Auge
onda Welle
onde? wo;
  de o.? woher;
  para o.? wohin
ônibus (m) Bus
ontem gestern
operário Arbeiter
opinião (w) Meinung
ordem (w) Befehl
ordinário vulgär
orgulho Stolz
orgulhoso stolz
ostra Auster
ou oder
ouriço: ou. do mar
  Seeigel
ouro Gold
outros andere
ouvido Ohr, Gehör
ovo Ei;
  o. frito Spiegelei;
  o. mexido Rührei

P

pá Schaufel
pacote (m) Paket
padaria Bäckerei
padre (m) Priester
pagar (be)zahlen
pai (m) Vater;
  pais Eltern

país (m) Land (polit.)
palavra Wort
paletó (m) Jacke
pálido blass
palmeira Palme
panela Topf
pano Stoff; Lappen
pântano Sumpf
pão (m) Brot
pão-duro geizig
papel (m) Papier
par (m) Paar
para für; nach
  (Richtung); (bis) zu)
parar anhalten;
  pare! halt!
parecido ähnlich
parede Wand
parente verwandt
parte (w) Teil;
  em todas partes
  überall
partida (w) Abreise
partido Partei
partir abfahren;
  verlassen
passageiro Passagier
passagem Fahrkarte
passaporte (m) Pass
passar durchfahren;
  p. frio frieren
pássaro Vogel
pasta: p. de dentes
  Zahnpasta
pátio Hof
pato Ente

paz (w) Friede
pé (m) Fuß
peça Teil;
  p. de reposição
  Ersatzteil
pedaço Stück
pedido Bestellung
pedir bitten; bestellen;
  p. esmola betteln
pedra Stein
pegar nehmen
peido Furz
peito Brust
peixe (m) Fisch
pele (w) Haut
pelo Haar
pena schade
pênis Penis
pequeno klein
perda Verlust
perdão (m) Verzeihung
perder verlieren
perdoar verzeihen
pergunta Frage
perguntar fragen
perigo Gefahr
perigoso gefährlich
permitir erlauben
perna Bein
perto nahe
pesado (m) schwer
pescoço Hals
pessoa (w) Person;
  pessoas Menschen
pessoal persönlich
piada Witz

Wörterliste Brasilianisch – Deutsch

picada Stich; Pfad
pílula Pille
pimenta Pfeffer
pinga Schnaps
pinto Schwanz (vulg.)
piscina Swimmingpool
pistola Pistole
planta Pflanze
pó (m) Staub
pobre arm
poder können
podre faul, verdorben
poeira Staub
pois denn; nun
polícia Polizei
poltrona Sessel;
  Sitzplatz
pomba Taube
ponte (w) Brücke
população (w)
  Bevölkerung
por anziehen
porco Schwein
porta Tür
porto Hafen
possível möglich
posto: p. de gasolina
  Tankstelle
pouco wenig;
  faz p. vorhin
pouso Rast
povo Volk
povoado Dorf
praça (w) Platz
praia Strand
prata Silber

prato Teller, Gericht
prazer (m) Lust;
  com p. gern
precisar müssen
preço Preis
preconceito Vorurteil
prédio Gebäude
preferência Vorliebe
preguiçoso faul, träge
prejudicar schaden
preto schwarz;
  Schwarzer
primeiro (zu)erst
principal (m)
  Hauptsache
procurar suchen
produzir herstellen
professor (m) Lehrer
profissão (w) Beruf
proibido verboten
prolongar verlängern
promessa Versprechen
prometer versprechen
pronto fertig
proprietário Inhaber
próprio eigen
proteção (w) Schutz
prova Beweis
provar prüfen;
  anprobieren
proveito Nutzen
próximo nächster
público öffentlich
pulga Floh
puxar ziehen

Q

quadro Bild
quando(?) als; wenn;
  wann?
quantidade (w) Menge
quanto? wie viel?
quarta-feira Mittwoch
quarto Zimmer;
  qu. de casal
  Doppelzimmer;
  qu. de dormir
  Schlafzimmer;
  qu. simples
  Einzelzimmer
quase kaum; fast
quê: o qu.? was?;
  por qu.? warum?
quebrado kaputt
queijo Käse
queimar verbrennen
quem? wer?
quente heiß; warm
querer wollen
quieto still
quilo Kilogramm
quilômetro Kilometer
quinta-feira
  Donnerstag

R

rabo Schwanz
raiva Wut
raivoso wütend

raíz (w) Wurzel
rápido schnell; rasch
raramente selten
rasgo Riss
raso seicht
rato Ratte
razão (w) Recht (haben), Ursache
realmente wirklich (Umstandsw.)
receber erhalten
receita Rezept
recibo Quittung
recipiente (m) Behälter
recomendar empfehlen
rede (w) Netz; Hängematte
reduzido reduziert
refeição (w) Mahlzeit
regatear feilschen
região (w) Gegend
rejeitar ablehnen
relação (w) Beziehung;
  relações sexuais Geschlechtsverkehr
relógio Uhr
repente: de r. plötzlich
repetir wiederholen
repleto überfüllt
reprimido unterdrückt
resfriado Erkältung
responder antworten
responsável verantwortlich
resposta Antwort
ressaca Kater (Suff)

resto Rest
riacho Bach
rico reich
rio Fluss
rir lachen
rocha Felsen
roda Rad
rosa Rose
roubo Diebstahl; Raub
roupa Wäsche;
  roupas Kleider
rua Straße

S

sábado Sonnabend
sabão (m) Seife
saber wissen
sábio klug
sabonete (m) Feinseife
saboroso schmackhaft
sacana (m) Schwindler
saco Tüte
sadio gesund
saída Abreise; Ausgang
sair abfahren; aussteigen
sal (m) Salz
salada Salat
salário Lohn
sandálias Sandalen
sanduíche (m) Sandwich
sangue (m) Blut

sapateiro Schuster
sapato Schuh
satisfeito satt; zufrieden
saúde (w) Gesundheit
se wenn
seco trocken
secreto geheim
segredo Geheimnis
seguir folgen
segunda-feira Montag
segurar (fest)halten
seguro sicher
selva Urwald
selvagem wild
sem ohne
semana Woche
sempre immer
senhor (m) Herr;
  o s. Sie (höfl. für Männer)
senhora Frau;
  a s. Sie (höfl. für Frauen)
sentar setzen
sentido Sinn
sentimento Gefühl
sentir fühlen;
  s. falta de vermissen
ser sein (Verb); werden
série Folge
serviço Dienst
seu dein
significar bedeuten
silêncio Ruhe
silencioso leise

sim ja
simpático nett
simples einfach
sinal (m)
Verkehrsschild
siri (m) Krebs (Tier)
só allein; nur
sob unter
sobre auf; über
sobretaxa Zuschlag
socorro Hilfe
sofrer leiden
sofrimento Qual
sol (m) Sonne
soldado Soldat
solteiro ledig
sombra Schatten
somente nur
sopa Suppe
sorte (w) Glück
sorvete (m) Speiseeis
sozinho allein
suar schwitzen
subir einsteigen
subornar bestechen
sucesso Erfolg
suco Saft
suficiente genug
sujeira Dreck
sul (m) Süden
superstição (w)
Aberglauben
supor vermuten
surpresa Überraschung

T

talheres (m) Besteck
talvez vielleicht
também auch
tanque (m) Tank
tanto so vie;
  t. faz egal
tão so
tarde (w) Nachmittag
taxa Gebühr;
  t. de câmbio
  Wechselkurs
telhado Dach
tempestade (w) Sturm
tempo Zeit; Wetter
tenda Zelt
tentar versuchen
tentativa Versuch
ter haben, besitzen
terça-feira Dienstag
terminar beenden
terra Erde;
  terras Land
terreno Gelände
terrível schrecklich
tesão geil
tesoura Schere
tia Tante
todos alle
tomar nehmen;
  t. banho Baden
torneira Wasserhahn
tosse (w) Husten
trabalhador Arbeiter
trabalho Arbeit

tráfego Verkehr
trajeto Strecke (Reise)
tranquilidade (w) Ruhe
transferir überweisen
trânsito Verkehr
trapo Lappen
travesseiro
  (Kopf-)Kissen
trazer bringen
trecho Strecke (Stück)
treino Übung
trem (m) Zug;
  Eisenbahn
trepar klettern
trigo Weizen
triste traurig
trocar tauschen;
  Geld wechseln;
  t.(-se) sich umziehen
tudo alles

U

último letzter; zuletzt
úmido feucht
urina Urin
urinar urinieren
usar gebrauchen,
  benutzen
usual üblich

V

vaca Kuh, Rind

vagabundo Vagabund
vagina Vagina
vale (m) Tal
valor (m) Wert
vapor (m) Dampf;
  Dampfer
vazio leer
vela Segel; Kerze
velho alt
venda Verkauf
vendedor (m) Verkäufer
vento Wind
ver sehen
verdade (w) Wahrheit
verdadeiro wahr
verde grün
verduras (w) Gemüse
vergonha Scham;
  sem v. unverschämt
verme (m) Wurm

vermelho rot
vestido Kleid
vestir anziehen
vez mal;
  outra v. wieder;
  as vezes manchmal;
  muitas vezes oft
viajante (m) Reisender
viajar fahren
viagem (w) Fahrt; Reise
vida Leben
vidro Glas (Material)
vinho Wein
violentar vergewaltigen
vir kommen
visita Besuch
visitar besichtigen
viver leben
víveres (m)
  Lebensmittel

vivo klug
vizinho Nachbar
você du
voltar zurückkehren;
  wiederkommen
voz (w) Stimme
vulgar vulgär

X

xadrez Schach
xícara Tasse

Z

zero Null
zorra Radau

Der Autor

Clemens Schrage, Jahrgang 1942, wurde in Köln geboren, ist aber in Brasilien aufgewachsen. Nach einem Diplom in Biologie unternahm er als Asssistent für Pflanzenökologie an der Universität von São Paulo Forschungsreisen, unter anderem in das Amazonasgebiet.

Im Jahr 1969 wurde er während der Militärdiktatur verhaftet und nach sechs Monaten Haft nach Deutschland abgeschoben.

Er arbeitete einige Jahre im brasilianischen Radioprogramm der Deutschen Welle als Redakteur und Nachrichtensprecher. Nebenbei war er auch als staatlich anerkannter Dolmetscher und Übersetzer am Oberlandesgericht Köln und bei der EU-Kommission akkreditiert.

Für die GTZ (heute GIZ) war er 19 Jahre lang in verschiedenen Ländern wie Brasilien, Peru, Marokko, Haiti usw. als Umweltexperte mit Schwerpunkt auf dem Schutz natürlicher Ressourcen und Abfallmanagement tätig.

Heute lebt er im brasilianischen Bundesstaat Alagoas und arbeitet als selbständiger Gutachter im Bereich Umweltschutz für nationale und internationale Organisationen.

Kontakt: **clemensschrage@gmail.com**